JETZT WIRD
ANGEGRILLT

FEUER & FLAMME FÜR LECKERES VOM ROST

HINWEISE ZUM BUCH

Backofentemperaturen: Die Backofentemperaturen in diesem Buch beziehen sich auf einen Elektroherd mit Ober- und Unterhitze. Falls Sie mit Umluft arbeiten, reduziert sich die Temperatur um 20 °C. Wenn nicht anders angegeben, wird immer die mittleren Einschubleiste des Backofens verwendet.

Pfeffer: Mit der Zutat „Pfeffer" ist immer frisch gemahlener schwarzer Pfeffer aus der Mühle gemeint.

ABKÜRZUNGEN

ca. = circa
cl = Zentiliter
cm = Zentimeter
El = Esslöffel
FP = Fertigprodukt
g = Gramm
kcal = Kilokalorien
kg = Kilogramm
kJ = Kilojoule

l = Liter
Min. = Minuten
ml = Milliliter
Std. = Stunde
TK = Tiefkühlprodukt
Tl = Teelöffel
Ø = Durchmesser

RECHTENACHWEIS

INHALT

GRILLFANS SIND FEUER UND FLAMME – ENDLICH KANN ES WIEDER LOSGEHEN!

HOLEN SIE IHREN GRILL AUS DEM WINTERSCHLAF!

Bevor es ans erste Grillfest des Jahres geht, freut sich Ihr Grill über einen ordentlichen Frühjahrsputz. Dafür brauchen Sie auch keine teuren Spezialreiniger, meist genügen warmes Wasser, ein mildes Spülmittel und ein weicher Schwamm. So können Sie sicher sein, dass Sie keine Oberflächen beschädigen und sich später Rost ansetzen kann.

Kehren Sie zunächst die Grillschale mit einem Handbesen aus. Dann reinigen Sie die Schale mit mildem Spülmittel, warmem Wasser und einem weichen Tuch. Hartnäckige Verkrustungen sollten Sie einweichen lassen. Anschließend alles nochmal mit warmem Wasser abspülen.

Den Grillrost reinigen Sie am besten mit einer Drahtbürste. Auch Flugrost, der sich über die Wintermonate angesetzt hat, lässt sich so abschmirgeln. Wenn Sie einen Gusseisenrost

haben, reinigen Sie ihn nur mit heißem Wasser und einem weichen Schwamm, damit die Oberflächen nicht beschädigt werden. Anschließend reiben Sie ihn mit etwas Rapsöl ein.

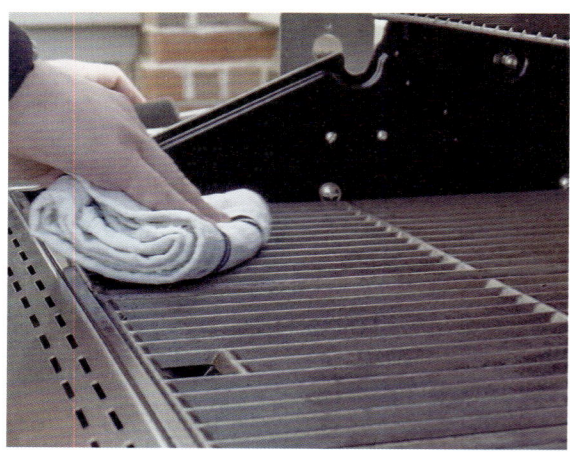

Auch die Außenflächen Ihres Grills sollten Sie einmal mit mildem Spülmittel, warmem Wasser und einem weichem Schwamm oder Tuch putzen. Bei Edelstahloberflächen am Grillgehäuse können Sie ggfs. auch einen Edelstahlreiniger benutzen, sollten sich hartnäckige Flecken nicht entfernen lassen.

Nachdem Ihr Grill nun wieder blitzt und blinkt, ist für alle Besitzer eines Gasgrills noch darauf zu achten, dass die Dichtigkeit aller Leitungen nach dem langen Winter gewährleistet ist. Überprüfen Sie alle Schläuche und Ventile und tauschen Sie poröse Schläuche sofort aus. Dann steht Ihrem Grillvergnügen nichts mehr im Wege.

Direktes Grillen auf Holzkohle

Indirektes Grillen auf Holzkohle

WAS HEISST NOCHMAL DIREKTES UND WAS INDIREKTES GRILLEN?

Die Grillrezepte in diesem Buch enthalten Empfehlungen dazu, wie das Grillgut auf dem Rost gegart werden sollte. Um Ihr Grillwissen aufzufrischen geben wir Ihnen im Folgenden wertvolle Tipps zum direkten und indirekten Grillen.

Eigentlich ist das ganz einfach: Das direkte Grillen ist ähnlich dem Braten in der Pfanne. Das Grillgut wird auf dem Rost direkt über der Glut gegart. So bekommen die Stücke eine schöne Kruste und kleinere Stücke sind schnell gegart. Beim direkten Grillen kann der Deckel des Grills sowohl offen als auch geschlossen sein.

Beim indirekten Grillen liegt das Grillgut ohne Kontakt zur Flamme neben der Hitzequelle. Indirektes Grillen ist für große Stücke geeignet, die lange Zeit zum Garen brauchen. Es erfolgt immer mit geschlossenem Deckel, sodass sich eine konstant gleichmäßige Temperatur im Grillinnenraum entfalten kann.

Direktes Grillen auf Gasgrill

Indirektes Grillen auf Gasgrill

Oft werden das indirekte und das direkte Grillen miteinander kombiniert. Mit einem Gasgrill geht das einfach indem Sie einen Brenner an und einen ausschalten. Beim Holzkohlengrill gibt es verschiedene Varianten:

ZWEI ZONEN

Im linken und rechten Drittel eines Grills liegen Kohlen, die Mitte bleibt frei. Den Deckel beim Grillen schließen, um die Temperatur zu halten. Vor oder nach dem indirekten Grillen können Sie im direkten Bereich angrillen und Röstaromen erzeugen. Alternativ können Sie auch nur eine Grillhälfte mit Kohlen bestücken und die andere nicht.

DREI ZONEN

Die Kohlen liegen in einer Hälfte des Grills, allerdings werden sie nicht auf eine gleichmäßige Höhe geschichtet, sondern zur nicht mit Kohle bedeckten Fläche hin abfallend – auf diese Weise bauen Sie sich drei Temperaturbereiche.

DER MINIONRING

Der Minionring ist die Lösung fürs Langzeitgrillen (ab 3 Stunden) mit konstanten Temperaturen! Zum Beispiel wenn Sie Pulled Pork auf dem Grill machen. Ohne Nachlegen können Sie damit bis zu 20 Stunden gegart werden. Ein ¾-Ring aus etwa 6 kg unangezündeten Briketts wird außen am Grillrand in Zweierreihen gelegt. Dieser Ring wird mithilfe des Dominoeffekts gezündet: 10 durchgeglühte Briketts werden an den Anfang des Rings gelegt und zünden so nach und nach die restlichen Briketts.

WIE SCHNELL KÖNNEN SIE „BINGO" RUFEN?

Wenn's mal wieder länger dauert mit der Glut oder einfach als Spaß zwischendurch – unser ultimatives Angrillen-Bullshit-Bingo lockert die Stimmung und vertreibt die Zeit bis zum Essen. Kopieren Sie einfach die Vorlage auf Seite 7 und verteilen Sie sie an Ihre Gäste. (Vielleicht halten Sie auch einen kleinen Preis für den Gewinner bereit?)

Wer eine der beliebten Grill-Floskeln im Gespräch erkennt, kreuzt sie an. Und wer als erstes eine Reihe diagonal, waagerecht oder senkrecht zusammen hat, ruft „Bingo!" und erhält den Preis! Wir wünschen viel Spaß!

ANGRILLEN BULLSHIT-BINGO

ICH GLAUB, DAS IST JETZT DURCH.	ENDLICH WIEDER GRILLEN!	IST DIE GRILLSAUCE VON LETZTEM JAHR NOCH GUT?
GLAUBST DU, WIR HABEN GENUG EINGEKAUFT?	IST DER GRILL SCHON HEISS?	HAB DA MAL EIN AUGE DRAUF!
GIBT'S AUCH WAS VEGETARISCHES/ VEGANES?	MEIN GRILL, MEINE REGELN!	SCHATZ, DA BRENNT WAS AN!

SESAM-CHICKEN-BURGER
mit Spargel

FÜR 4 PORTIONEN

4 Weizenbrötchen mit Sesam (FP)

Für die Toppings
150 g weißer Spargel
1 Prise Zucker
1 Tl Butter
½ Kopf Lollo bianco
4 Scheiben Prosciutto

Für die Sauce Hollandaise
1 unbehandelte Zitrone
1 Tl Weißweinessig
½ Tl zerstoßene weiße Pfefferkörner
zzgl. etwas zum Bestreuen
2 Eigelb
120 g Butter
Salz

Für die Pattys
600 g Geflügelhack
1 gehackte kleine Zwiebel
1 Tl Schale von 1 unbehandelten Zitrone
2 El Schmand
1 Ei
4 El Paniermehl
1 El Sesamsaat
1 El Tahini (Sesampaste)
Salz, Pfeffer

1. Den Spargel schälen. In reichlich Wasser mit 1 Prise Zucker und Butter ca. 10 Minuten nicht zu weich garen. In 2–3 cm lange Stücke teilen und beiseitestellen. Den Salat waschen und trocknen. Den Grill für indirektes und direktes Grillen bei 180–200 °C vorbereiten.

2. In der Zwischenzeit für die Sauce Hollandaise die Zitrone halbieren. Die Zitronenhälften mit der Schnittfläche im indirekten Bereich auf den Grill legen und 3–4 Minuten bei geschlossenem Deckel anrösten lassen. Eine Hälfte auspressen und die Schale abreiben. In einem Topf 2 Esslöffel Wasser mit dem Essig und den Pfefferkörnern erhitzen und etwas einkochen, dann abkühlen lassen. Die Reduktion in einer Metallschüssel ins heiße Wasserbad stellen und die Eigelbe darin schaumig schlagen. Nicht kochen! Die Butter zerlassen und langsam dazugeben, die Sauce dick aufschlagen. Mit Salz, Zitronensaft und etwas Zitronenabrieb abschmecken.

3. Für die Pattys alle Zutaten bis auf die Gewürze in eine Schüssel geben und gut vermengen, anschließend mit den Gewürzen abschmecken. Mit feuchten Händen aus dem Fleischteig 4 Pattys formen und von jeder Seite etwa 3–4 Minuten im direkten Bereich bei geschlossenem Deckel grillen. Die Brötchen halbieren und die Schnittflächen im direkten Bereich bei geschlossenem Deckel antoasten.

4. Die untere Brötchenhälfte dünn mit der Sauce Hollandaise bestreichen. Die Salatblätter darauflegen. Den Prosciutto locker auf dem Salat drapieren. Die Pattys auflegen, darauf die Spargelabschnitte anrichten und dicke Tupfer von der Sauce Hollandaise daraufsetzen oder alternativ zuvor Spargelabschnitte und Sauce Hollandaise mischen. Pfeffer grob darübermahlen und den restlichen Zitronenabrieb daraufstreuen. Obere Brötchenhälfte aufsetzen. Mit Vierteln der gerösteten Zitronenhälften servieren.

Indirektes und direktes Grillen

Geschlossener Grill

30 Min. (+ Garzeit)

mittel

14 Min.

HAMBURGER

Für die Pattys
1 trockenes Brötchen vom Vortag
120 ml lauwarme Milch
600 g Rinderhack
Salz, Pfeffer
1 fein gewürfelte Zwiebel
2 Eier
3 El fein gewürfelte
rote Paprikaschote
1 Prise Chilipulver
1 Tl getrockneter Thymian
1 Tl getrockneter Rosmarin

Für die Toppings
4 grüne Salatblätter
½ Salatgurke
4 Tomaten
4 Scheiben Gouda
4 Tl Mayonnaise
4 Tl Ketchup

Außerdem
4 Weizenbrötchen mit Sesam (FP)

1. Das trockene Brötchen würfeln und in der Milch 10 Minuten einweichen, gut ausdrücken. Alle Zutaten für die Pattys bis auf die Gewürze in eine Schüssel geben und gut vermengen. Anschließend nach Belieben mit den Gewürzen abschmecken.

2. Den Grill für direktes Grillen bei hoher Hitze (240 °C) vorbereiten. Für die Toppings die Salatblätter waschen und trocken schütteln. Die Gurke waschen und in dünne Scheiben schneiden. Die Tomaten waschen und ebenfalls in dünne Scheiben schneiden, dabei den Stielansatz entfernen.

3. Mit feuchten Händen aus dem Fleischteig 4 Pattys formen und diese von jeder Seite 3–4 Minuten im direkten Bereich grillen. Die Burger-Brötchen halbieren und die Schnittflächen kurz auf der direkten Zone antoasten.

4. Jeweils die untere Brötchenhälfte mit 1 Salatblatt, den Gurkenscheiben, dem Patty, 1 Scheibe Käse und den Tomatenscheiben belegen. Darauf je 1 Teelöffel Ketchup und Mayonnaise geben und die obere Brötchenhälfte aufsetzen.

DOUBLE-DOUBLE-CHEESEBURGER

4 Weizenbrötchen mit Sesam (FP)

Für die Pattys
1 trockenes Brötchen vom Vortag
120 ml lauwarme Milch
600 g Rinderhack
3 El fein gewürfelte
rote Paprikaschote
1 fein gewürfelte Zwiebel
2 Eier
½ Tl Chilipulver
1–2 El Worcestersauce
1 Tl getrockneter Thymian
1 Tl getrockneter Rosmarin
Salz, Pfeffer

Für die Toppings
4 große grüne Salatblätter
2 eingelegte Gurken
1 rote Zwiebel
Ketchup
Mayonnaise
4 Scheiben junger Gouda
4 Scheiben mittelalter Gouda

1. Für die Pattys das Brötchen würfeln und 10 Minuten in der Milch einweichen, gut ausdrücken. Alle Zutaten bis auf die Gewürze in eine Schüssel geben und gut vermengen. Anschließend nach Belieben mit den Gewürzen abschmecken.

2. Den Grill für direktes Grillen bei hoher Hitze (240 °C) vorbereiten. Für die Toppings die Salatblätter waschen und trocken schütteln. Die Gurken in dünne Scheiben schneiden. Die Zwiebel schälen und in dicke Scheiben schneiden.

3. Mit feuchten Händen aus dem Fleischteig 4 Pattys formen und von jeder Seite etwa 3–4 Minuten im direkten Bereich bei geschlossenem Deckel grillen. Die Burger-Brötchen halbieren und die Schnittflächen ebenfalls im direkten Bereich kurz antoasten.

4. Jeweils auf die untere Brötchenhälfte nach Belieben dicke Tupfer Ketchup und Mayonnaise setzen. Mit je 1 Salatblatt belegen. Dieses mit je 1 Scheibe jungem und mittelaltem Gouda so versetzt belegen, dass die farblich unterschiedlichen Ecken des Käses zu sehen sind. Patty und wieder je 1 Scheibe jungen und mittelalten Gouda versetzt darauflegen. Mit Gurkenscheiben belegen und mit Zwiebelringen garnieren. Die obere Brötchenhälfte aufsetzen. Dazu mehr Ketchup und Mayonnaise servieren.

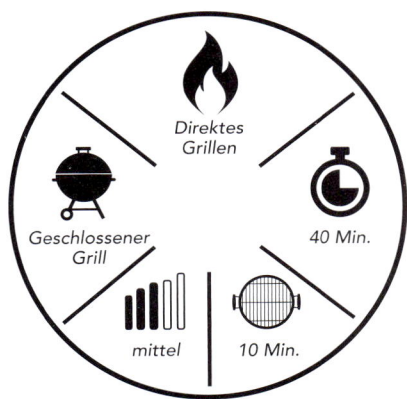

Direktes Grillen

Geschlossener Grill

40 Min.

mittel

10 Min.

LACHS-BURGER
mit Spinat und Apfel-Meerrettich-Dip

FÜR 4 PORTIONEN

4 Weizenbrötchen (FP)

Für den Dip
1 kleiner säuerlicher Apfel
2 El Limettensaft
1 El frisch geriebener Meerrettich
100 g Naturjoghurt
100 g Crème fraîche
1 El gehackte Walnusskerne
1 El fein gehackte Basilikumblätter
Salz, Pfeffer

Für die Toppings
600 g junge Spinatblätter
Salz
1 Knoblauchzehe
100 g frisch geriebener Parmesan
1 Msp. Muskatnuss
Pfeffer
4 Sauerampferblätter
4 Tl Mayonnaise

Für die Pattys
2 trockene Brötchen vom Vortag
200 ml lauwarme Milch
600 g Lachsfilet
1 fein gewürfelte Zwiebel
1 El gehackte krause Petersilienblätter
1 Tl gehackte Estragonblättchen
1–2 Eier
geriebene Kartoffel bei Bedarf
Salz, Pfeffer
Paniermehl

1. Für den Dip den Apfel schälen, das Kerngehäuse entfernen und mit einer Reibe reiben. Sofort mit dem Limettensaft beträufeln, damit der Apfel nicht braun wird. Die übrigen Zutaten bis auf die Gewürze hinzufügen. Alles gut vermischen und nach Belieben würzen.

2. Den Grill für indirektes Grillen bei 200 °C vorbereiten. Für die Toppings den Spinat putzen und waschen. In wenig Salzwasser 3–5 Minuten blanchieren. Abtropfen lassen und gut ausdrücken. Die Knoblauchzehe schälen und in den Spinat pressen. Den Parmesan hinzufügen und alles gut vermischen. Mit Muskatnuss, Salz und Pfeffer abschmecken. Den Sauerampfer waschen, trocken schütteln und in feine Streifen schneiden.

3. Für die Pattys die Brötchen würfeln, in der Milch einweichen und anschließend gut ausdrücken. Das Lachsfilet hacken oder fein schneiden. Brötchen und Fisch mit den anderen Zutaten bis auf die Gewürze und das Paniermehl in eine Schüssel geben und alles gut vermischen. Ist der Teig zu trocken, etwas Wasser, 1 zusätzliches Ei oder etwas geriebene Kartoffel unterkneten. Den Teig mit den Gewürzen nach Belieben abschmecken, anschließend zu 4 Pattys formen und vorsichtig im Paniermehl wälzen.

4. Die Pattys auf dem Grill bei geschlossenem Deckel von jeder Seite etwa 2–4 Minuten bräunen. Dabei vorsichtig wenden. Die Brötchen halbieren und die Schnittflächen 2 Minuten bei geschlossenem Deckel auf dem Grill antoasten.

5. Die untere Brötchenhälfte mit je 1 Teelöffel Mayonnaise bestreichen. Den Spinat gleichmäßig darauf verteilen. Je 1 Patty auf das Gemüse legen und mit den Sauerampferstreifen garnieren. Die zweite Brötchenhälfte auflegen.

Indirektes
Grillen

40 Min.
(+ Garzeit)

Geschlossener
Deckel

mittel   10 Min.

BURGER MIT SPECK UND RADIESCHEN
und Sour Cream

FÜR 4 PORTIONEN
4 Roggenbrötchen (FP)

Für die Pattys
1 trockenes Brötchen vom Vortag
120 ml lauwarme Milch
100 g geräucherter
durchwachsener Speck
600 g Rinderhack
1 fein gewürfelte Zwiebel
2 Eier
1 Tl scharfer Senf
2 El Schnittlauchröllchen
Salz, Pfeffer

Für die Toppings
4 große grüne Salatblätter
1 Bund Radieschen
½ Salatgurke
4 El Sour Cream
2 El Dillspitzen

1. Für die Pattys das Brötchen würfeln und in der Milch 10 Minuten einweichen, gut ausdrücken. Den Speck fein würfeln und in einer Pfanne bei mittlerer Hitze knusprig ausbraten. Alle Zutaten bis auf die Gewürze in eine Schüssel geben und gut vermengen. Anschließend nach Belieben mit den Gewürzen abschmecken.

2. Den Grill für direktes Grillen bei hoher Hitze (240 °C) vorbereiten. Für die Toppings die Salatblätter waschen und trocken schütteln. Radieschen putzen, waschen und in Scheiben schneiden. Gurke schälen und ebenfalls in Scheiben schneiden.

3. Mit feuchten Händen aus dem Fleischteig 4 Pattys formen und von jeder Seite etwa 3–4 Minuten bei geschlossenem Deckel grillen. Die Roggenbrötchen halbieren und die Schnittflächen 2 Minuten bei geschlossenem Deckel auf dem Grill antoasten.

4. Die unteren Brötchenhälften mit den Salatblättern belegen. Je 1 Esslöffel Sour Cream daraufgeben und Pattys auflegen. Radieschen- und Gurkenscheiben auf die Burger verteilen und mit Dillspitzen garnieren. Die oberen Brötchenhälften aufsetzen.

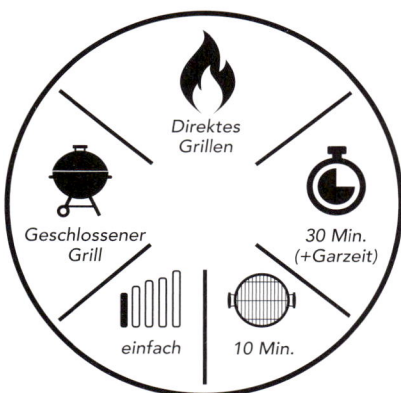

BÄRLAUCH-BURGER
mit Halloumi

FÜR 4 PORTIONEN
4 Weizenbrötchen (FP)

Für das Bärlauchpesto
1 Bund Bärlauch
50 g gemahlene Mandeln
50 g frisch geriebener Parmesan
100 ml Olivenöl
Salz, Pfeffer

Für die Pattys
400 g Halloumi
1 rote Chilischote
1 Zweig Rosmarin
4 El Olivenöl
1 El Zitronensaft
2 Knoblauchzehen
Salz, Pfeffer

Für die Toppings
1 Aubergine
1 Zucchini
2 rote Zwiebeln

1. Für das Pesto den Bärlauch waschen, trocken schütteln und in feine Streifen schneiden. In einer Pfanne die Mandeln ohne Zugabe von Fett anrösten. Bärlauch, Mandeln und Parmesan in einem Mörser mit dem Olivenöl zerstoßen. Alternativ im Mixer pürieren. Mit Salz und Pfeffer abschmecken.

2. Den Halloumi längs halbieren. Die Chilischote aufschneiden, entkernen, waschen und klein schneiden. Den Rosmarin waschen, trocken schütteln und die Nadeln abstreifen und fein hacken. Chili und Rosmarin mit dem Öl vermischen, den Zitronensaft hinzufügen. Die Knoblauchzehen schälen und in die Marinade pressen. Mit Salz und Pfeffer würzen.

3. Den Grill für indirektes Grillen bei 180 °C vorbereiten. Für die Toppings Aubergine und Zucchini waschen, trocken reiben, putzen und in Scheiben schneiden. Die Zwiebeln schälen und in feine Ringe schneiden.

4. Die Halloumischeiben von beiden Seiten mit der Hälfte der Marinade bestreichen. Die andere Hälfte für die Avocado- und Zucchinischeiben verwenden. Den Käse und das Gemüse im indirekten Bereich in etwa 4–6 Minuten bei geschlossenem Deckel von beiden Seiten bräunen.

5. Die Brötchen halbieren und den unteren Teil mit der Hälfte des Bärlauchpestos bestreichen. Die Auberginen- und Zucchinischeiben darauf verteilen. Je 1 Scheibe Halloumi auflegen, mit dem restlichen Pesto beträufeln und mit den Zwiebelringen garnieren. Die oberen Brötchenhälften auflegen.

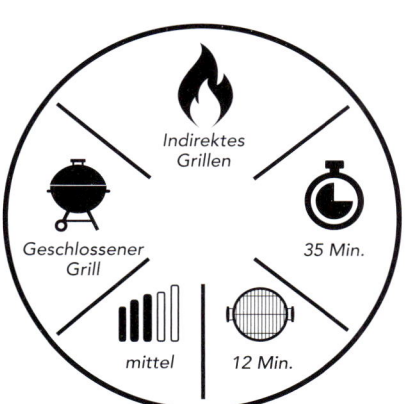

Indirektes Grillen
Geschlossener Grill
35 Min.
mittel
12 Min.

VEGGIE-BURGER
mit Spitzkohl

FÜR 4 PORTIONEN

4 Weizenbrötchen (FP)

Für die Pattys
*150 g Bulgur
Gemüsebrühe zum Quellen
1 mittelgroße Karotte
1 fein gehackte Zwiebel
1 Knoblauchzehe
1 El Mehl
4 El Paniermehl
1 El gehackte glatte Petersilienblätter
1–2 Eier
geriebene Kartoffel bei Bedarf
1 Tl gemahlener Koriander
Salz, Pfeffer*

Für die Toppings
*50 g Sesamsaat
150 g Spitzkohl
1 Karotte
2 El Reisessig
1 El Sesamöl
Salz, Pfeffer
½ Salatgurke
4 El Ketchup*

1. Den Bulgur nach Packungsangabe in Brühe aus-quellen lassen. Die Karotte putzen, schälen und fein raspeln. In einer Schüssel den etwas abgekühlten Bulgur mit der Karotte und den Zwiebelwürfeln ver-mischen. Die Knoblauchzehe schälen und dazupressen. Mehl, Paniermehl, Petersilie und verquirltes Ei zugeben und unterkneten. Ist der Teig zu trocken, etwas Wasser, 1 zusätzliches Ei oder etwas geriebene Kartoffel unter-kneten. Den Teig mit den Gewürzen nach Belieben abschmecken.

2. Den Grill für direktes Grillen bei 200 °C vorbereiten. Für die Toppings Sesam in einer Pfanne ohne Fett rösten. Den Spitzkohl putzen, waschen, trocknen und in feine Streifen schneiden. Die Karotte schälen und raspeln. Aus Essig, Öl, Salz und Pfeffer ein Dressing rühren und mit Spitzkohl und Karotte vermengen. Die Sesamsaat unter den Salat mischen. Die Salatgurke schälen und in Scheiben schneiden.

3. Mit feuchten Händen aus dem Bulgurteig 4 Pattys formen und von jeder Seite etwa 4–5 Minuten grillen. Die Burger-Brötchen halbieren und die Schnittflächen auf dem Grill 2 Minuten antoasten.

4. Die unteren Brötchenhälften mit Ketchup bestrei-chen. Pattys auflegen und darauf Gurkenscheiben und Spitzkohlsalat verteilen. Die oberen Brötchenhälften aufsetzen.

Direktes Grillen

Offener Grill

30 Min.

leicht

12 Min.

GEGRILLTES CLUB STEAK
mit würzigen Kartoffeln und Chimichurri

FÜR 4 PORTIONEN

Für die Steaks
*4 Club-Steaks (ohne Knochen à ca. 250 g,
mit Knochen à ca. 350 g)
Salz, Pfeffer*

Für die Kartoffeln
*800 g festkochende Kartoffeln
5 Zweige Rosmarin
2 Knoblauchzehen
ca. 1,5 l Frittieröl
1 El Paprikapulver
1 El Currypulver
1 Tl Salz
1 Msp. Zucker*

Außerdem
Chimichurri nach Belieben (s. S. 93)

Indirektes und
direktes
Grillen

Geschlossener
Grill

40 Min.

mittel

2 Std.

1. Einen Grill für die Zubereitung bei indirekter niedriger Hitze (100 °C) vorbereiten. Die Steaks abtupfen und ungewürzt auf dem Rost der Grillform bei geschlossenem Deckel vorgaren. Die Kerntemperatur des Fleisches soll auf 50 °C gebracht werden – immer wieder auf dem Grillthermometer kontrollieren. Dieser Vorgarprozess kann bis zu 2 Stunden dauern. Für die Fertigstellung einen Grill auf direktes Grillen bei 250 °C vorheizen. Die Steaks später auf dem Rost 1–2 Minuten direkt bei geschlossenem Deckel fertig garen (dabei soll eine Kerntemperatur von 56 °C erreicht werden), dabei einmal wenden. Die Steaks erst zum Schluss würzen.

2. Währenddessen die Kartoffeln waschen, schälen und in nicht zu dünne Stifte schneiden. Rosmarin waschen und trocken tupfen. Knoblauch schälen und vierteln. Rosmarin und Knoblauch mit dem Frittierfett erhitzen. Ist das Öl ca. 150 °C heiß, die Gewürze mit einer Schaumkelle herausheben, sie verbrennen sonst und werden bitter. Die Kartoffeln hineingeben und ca. 15 Minuten hellgelb backen. Herausheben und abtropfen lassen. Dann das Öl auf 180 °C erhitzen und die Kartoffeln nochmals ca. 4 Minuten goldbraun und knusprig garen. Herausheben, abtropfen lassen und in einer Schüssel mit Paprika- und Currypulver, Salz und Zucker mischen.

3. Die Steaks mit den Kartoffeln und dem Chimichurri servieren.

PORTERHOUSE-STEAK
mit Salsa

FÜR 4 PORTIONEN

Für das Steak

4 mittelgroße Porterhouse-Steaks
(à 400–450 g)
1 Knoblauchzehe
3 El Olivenöl
Pfeffer, Salz

Für die Salsa

4 Frühlingszwiebeln
2 Knoblauchzehen
1 grüne Paprikaschote
2 grüne Chilischoten
1 Bund Koriander
1 Bund Minze
2 Tomaten
2 Limetten
Salz, Pfeffer
Kreuzkümmel

1. Die Steaks mit Küchenpapier abtupfen. Die Knoblauchzehe schälen, halbieren und mit den Schnittstellen das Fleisch einreiben. Zum Schluss das Olivenöl auf das Fleisch träufeln und alles kräftig mit Pfeffer würzen. Mit den Händen Öl und Pfeffer auf beiden Seiten in das Fleisch einmassieren. Dann mit Frischhaltefolie abgedeckt bei Zimmertemperatur ca. 1 Stunde ruhen lassen.

2. Für die Salsa die Frühlingszwiebeln waschen, putzen und das Weiße und Hellgrüne in sehr feine Ringe schneiden. Die Knoblauchzehen schälen und hacken. Die Paprikaschote und die Chilischoten halbieren, putzen, innen und außen waschen und trocken tupfen. Die Paprikaschote in sehr kleine Würfel schneiden, die Chilischoten hacken. Koriander und Minze waschen, trocken schleudern und die Blättchen abzupfen. Kräuterblättchen fein hacken und mit den Frühlingszwiebeln, dem Knoblauch, der Paprikaschote und den Chilischoten in einer Schüssel mischen. Die Tomaten waschen, trocken tupfen, putzen und entkernen. Das Fruchtfleisch in kleine Würfel schneiden. Die Limetten auspressen. Den Saft zusammen mit den Tomatenwürfeln zu den anderen Salsa-Zutaten geben. Alles verrühren und mit Salz, Pfeffer und etwas Kreuzkümmel würzen. Den Grill für die Zubereitung bei direkter hoher Hitze (250 °C) vorbereiten.

3. Die Steaks salzen und bei geschlossenem Deckel ca. 6 Minuten direkt grillen, dabei einmal wenden. Gegen Ende der Garzeit 4 Minuten in den indirekten Bereich ziehen. Vom Grill nehmen und 5–10 Minuten ruhen lassen. Mit der Salsa und knusprigem Brot servieren.

RIB-EYE-STEAKS
mit Gin-Marinade

FÜR 8 PORTIONEN

Für die Steaks
4 Rib-Eye-Steaks (à 300 g, ca. 2,5 cm dick)
10 Wacholderbeeren
6 Pfefferkörner
3 Knoblauchzehen
3 cm Ingwer
50 ml Gin (z.B. Tanqueray No.10)
50 ml Sojasauce
1 Tl Palmzucker
50 ml Sonnenblumenöl

Für den Salat
1 grüne Papaya
1 dicke Möhre
4 Frühlingszwiebeln
½ Bund Koriander
5 El ungesalzene Erdnüsse
1 rote Chilischote
3 El Limettensaft
3 El Fischsauce
1 El Palmzucker
1 El Sesamöl

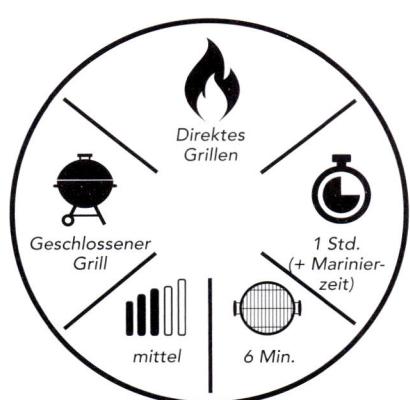

Direktes Grillen
Geschlossener Grill
1 Std. (+ Marinierzeit)
mittel
6 Min.

1. Die Rib-Eye-Steaks in einen Gefrierbeutel geben. Wacholderbeeren und Pfefferkörner im Mörser grob zerstoßen. Knoblauch und Ingwer schälen und fein würfeln. Gin, Sojasauce, Palmzucker und Öl mit den Gewürzen, Knoblauch und Ingwer gut vermengen. Zu den Steaks geben, die Luft aus dem Beutel drücken, verschließen und die Steaks 6 Stunden marinieren.

2. Für den Salat Papaya und Möhre schälen und mit dem Spiralschneider spiralisieren. Die Spiralen nach Belieben etwas kürzen. Die Frühlingszwiebeln waschen, putzen und das Weiße und Hellgrüne in feine Ringe schneiden. Koriander waschen, trocken schütteln und die Blättchen abzupfen. Alles in einer Schüssel vermengen.

3. Die Erdnüsse grob hacken, die Chilischote waschen, nach Geschmack entkernen und in feine Ringe schneiden. Limettensaft, Fischsauce, Palmzucker und Sesamöl verrühren. Über den Salat geben. Bis zur weiteren Verwendung ziehen lassen.

4. Den Grill für direktes Grillen bei 250 °C vorbereiten. Die Steaks rund 30 Minuten vor dem Grillen aus dem Kühlschrank nehmen. Aus der Marinade nehmen und diese mit einem Messerrücken abstreifen. Die Marinade durch ein Sieb in einen kleinen, gusseisernen Topf abseihen und etwa 5 Minuten auf dem Grill einkochen lassen. Die Steaks über direkter Hitze von beiden Seiten jeweils 3 Minuten scharf grillen. Dann vom Grill nehmen und 5 Minuten ruhen lassen.

5. Den Salat auf Teller verteilen, mit den Erdnüssen und den Chiliringen bestreuen. Die in Tranchen geschnittenen Steaks darauf anrichten und diese mit etwas eingekochter Marinade beträufeln.

Direktes und Indirektes Grillen

Geschlossener Grill

30 Min. (+ Marinier-zeit)

leicht

6–8 Min.

WÜRZIGE SPIESSE
mit Paprika und Kräuterglasur

FÜR 4 PORTIONEN

Für die Marinade und Glasur
*5 El dunkler Honig + mehr Honig
zum Bestreichen
5 El Sesamöl
2 El Gewürzmischung (siehe unten)*

Für die Spieße
*600–750 g Schweinefilet
1 große oder 2 kleine rote Paprika
1 große oder 2 kleine grüne Paprika
100 g Speck
1 El Sesamsaat zum Bestreuen
1 El Zitronenthymianblätter
zum Bestreuen*

Für die Gewürzmischung
*4 El Salz, 1 El weißer Pfeffer
1 Tl Senfpulver
1 Msp. gemahlene Nelken
1 Msp. gemahlener Koriander
1 El Cayennepfeffer
1 Tl scharfes Paprikapulver
1 Tl Zwiebelpulver*

Für die Bratkartoffeln
*600 g gegarte Pellkartoffeln
2–3 El Olivenöl
½ Tl getrockneter Rosmarin
Meersalz*

Außerdem
*8 Grillspieße
Gusspfanne oder Grillschale*

1. Für die Marinade alle Zutaten verrühren. Für die Spieße das Fleisch in mundgerechte Stücke schneiden und in einen Gefrierbeutel füllen. Die Marinade zum Fleisch geben, den Beutel verschließen, alles gut mischen und mindestens 30 Minuten im Kühlschrank marinieren. Die Paprika waschen, putzen und in etwa 2,5 cm große Stücke schneiden, den Speck in Scheiben schneiden.

2. Den Grill für direktes und indirektes Grillen bei mittlerer Hitze (200 °C) vorbereiten. Fleisch, Paprika und Speck abwechselnd auf die Spieße ziehen. Die Spieße zunächst direkt ohne Deckel 3–4 Minuten rundherum scharf anrösten, dann mit der Marinade aus dem Beutel glasieren und indirekt mit Deckel 3–4 Minuten unter Wenden garen. Zum Servieren mit Sesamsaat und Zitronenthymian bestreuen.

3. Die Pellkartoffeln in dicke Scheiben schneiden. Das Öl in einer gusseisernen Pfanne (alternativ in einer Grillschale) direkt auf dem Grill erhitzen und die Scheiben zugeben. Im Öl wenden und mit Rosmarin bestreuen. Unter weiterem Wenden etwa 10 Minuten ohne Deckel kross braten, mit Salz abschmecken und zu den Spießen reichen.

GEGRILLTE SPARERIBS
mit Coleslaw

FÜR 4 PORTIONEN

Für die Spareribs

1 Zwiebel
2 Knoblauchzehen
1 rote Chilischote
2 cm Ingwer
2 El Öl
1 Dose geschälte Tomaten
(Füllmenge 400 g)
175 ml Ketchup
100 ml frisch gepresster Orangensaft
3 El Zitronensaft
3 El Rotweinessig
1 El Honig
40 g brauner Zucker
3 El Chilisauce
1 El Worcestersauce
1 Spritzer Tabasco
1 Tl Senf
1 Tl gem. Kreuzkümmel
Salz
1,8 kg Spareribs

Für den Krautsalat

3 Scheiben Frühstücksspeck
800 g Weißkohl
1 Möhre
1 grüne Paprikaschote
1 Zwiebel
½ Bund Petersilie
200 g Mayonnaise
100 g saure Sahne
1 El Senf
3 El Rinderbrühe
Salz, Pfeffer

1. Die Zwiebel und die Knoblauchzehen schälen und fein hacken. Die Chilischote halbieren, entkernen, waschen und fein hacken. Den Ingwer schälen und fein reiben. Das Öl in einem Topf erhitzen und die Zwiebel darin andünsten, bis sie leicht Farbe angenommen haben. Dann Knoblauch, Chili und Ingwer hinzugeben und kurz anschwitzen. Die geschälten Tomaten, Ketchup, Orangen- und Zitronensaft, Essig, Honig, Zucker, Chili- und Worcestersauce hinzugeben. Tabasco, Senf, Kreuzkümmel und ½ Teelöffel Salz hinzufügen. Alles unter Rühren aufkochen und geschlossen ca. 1 Stunde simmern lassen. Danach nochmals abschmecken und abkühlen lassen. Mit der Hälfte der Sauce die Spareribs bestreichen und ca. 3 Stunden marinieren lassen.

2. Den Grill für indirektes Grillen bei mittlerer Hitze (140–150 °C) vorbereiten. Die Spareribs im indirekten Bereich bei geschlossenem Deckel ca. 40 Minuten grillen, dabei immer wieder wenden und mit der restlichen Marinade bestreichen.

3. Für den Krautsalat den Frühstücksspeck in einer Pfanne ohne Fett auslassen und knusprig braten. Auf Küchenkrepp abtropfen und erkalten lassen, dann in kleine Stücke bröseln. Beiseitestellen.

4. Den Weißkohl putzen und in feine Streifen hobeln. Die Möhre schälen und raspeln. Die Paprikaschote halbieren, putzen, innen und außen waschen, trocken tupfen in kleine Würfel schneiden. Die Zwiebel schälen und in feine Ringe schneiden. Die Petersilie waschen, trocken schütteln und die Blättchen hacken. Das Gemüse und die Petersilie in eine Schüssel geben. Mayonnaise, saure Sahne, Senf und Rinderbrühe miteinander verrühren. Mit Salz und Pfeffer abschmecken und mit dem Salat vermengen. Die Speck-Brösel darüberstreuen. Zu den Spareribs reichen.

Indirektes
Grillen

Geschlossener
Grill

30 Min. (+ Gar
u. Marinier-
zeit)

mittel

40 Min.

PULLED PORK TEXAS STYLE
mit Baked Beans

FÜR 4 PORTIONEN

Für das Pulled Pork
2 kg Schweinenacken oder -schulter
BBQ-Rub (s. S. 87)
BBQ-Sauce (s. S. 90)
mindestens 1 l Flüssigkeit
(Wasser, Saft, Bier o. Ä.)

Für die Baked Beans
150 g durchwachsener Speck
1 große Zwiebel
1 Knoblauchzehe
1 Dose gewürfelte Tomaten
(400 g Abtropfgewicht)
2 Dosen rote Bohnen (800 g Abtropfgewicht)
2–3 El Ahornsirup
1 Tl Rauchgewürz (s. S. 87)

Außerdem
Holz-Chunks

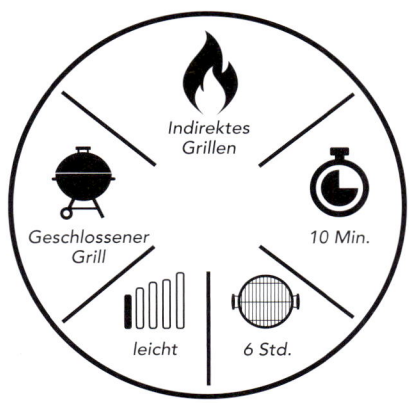

Indirektes Grillen

Geschlossener Grill

10 Min.

leicht

6 Std.

1. Den Grill für langes indirektes Grillen bei 110 °C vorbereiten: Mit Briketts einen Minionring (s. S. 6) einrichten und Holz-Chunks auflegen. Eine optimale und gleichbleibende Garraumtemperatur einzustellen kann bis zu 1 Stunde dauern. Mehr Briketts und Chunks bereitlegen, damit bei sinkender Temperatur oder nachlassendem Rauch rasch nachgelegt werden kann.

2. Das Fleisch rundum kräftig mit BBQ-Rub einreiben und auf einer Grillschale auf dem Rost mittig über dem Minion-Ring platzieren. Die Flüssigkeit in die Schale gießen und das Fleisch mit einem Funk-Fleischthermometer versehen.

3. Das Fleisch für ca. 2 Stunden smoken, bis es eine Kerntemperatur von 50–60 °C hat. Dann in zwei Lagen feste Grill-Alufolie einwickeln und reichlich BBQ-Sauce mit in das Paket gegeben – gut verschließen! Währenddessen die Grilltemperatur auf 150–160 °C erhöhen.

4. Das Fleisch garen bis zu einer Kerntemperatur von 88–93 °C, das dauert 3–4 Stunden. Lässt sich ein Spieß mühelos hineinstecken, ist das Fleisch gar und kann in einer Schale gleich mit der Sauce aus dem Paket zerzupft werden.

5. Für die Baked Beans den Speck würfeln und in einer Gusseisenform auf dem Grill auslassen. Zwiebel und Knoblauch schälen, fein würfeln und im Fett glasig dünsten. Die Tomaten zugeben und unter gelegentlichem Rühren einkochen lassen. Bohnen und Ahornsirup unterheben, weiter einköcheln lassen, dann mit Rauchgewürz abschmecken und zum Pulled Pork servieren.

RIB-EYE-STEAK
mit Panzanella

FÜR 4 PORTIONEN

Für den Brotsalat

4 Eiertomaten
1 Gartengurke
1 rote Zwiebel
3 Stängel Basilikum
100 ml Aceto balsamico bianco
4 El Olivenöl
Salz, Pfeffer
4 große Scheiben Brot vom Vortag

Für die Sauce

200 g durchwachsener Speck
1 Knoblauchzehe
300 ml passierte Tomaten
4 cl Scotch-Whiskey
2 El dunkler Rübensirup
2 El Aceto balsamico
Salz, Pfeffer

Für die Steaks

4 Rib-Eye-Steaks ohne Knochen
(3,5–4 cm dick, à 350 g)

Außerdem

Pfännchen oder kleiner Edelstahltopf
Gusseisenplatte

1. Für den Salat die Tomaten waschen, die Stielansätze entfernen und die Tomaten sehr grob würfeln. Die Gurke schälen und ebenfalls grob würfeln. Die Zwiebel schälen und fein hacken. Das Basilikum waschen, trocken schütteln und die Blätter grob zerzupfen. Alles in einer Schüssel mischen. Essig, Olivenöl, je 1 Prise Salz und Pfeffer miteinander verrühren.

2. Für die Sauce den Speck sehr fein hacken und in ein Pfännchen geben. Den Knoblauch schälen und sehr fein hacken. Mit den flüssigen Zutaten mischen und würzen.

3. Für die Steaks den Grill für direktes Grillen bei 400 °C (oder so heiß wie möglich) und indirektes Grillen bei 150 °C vorbereiten. Die Gusseisenplatte direkt über der Glut 15 Minuten richtig heiß werden lassen, dann die Steaks darauf auf jeder Seite 1–2 Minuten grillen. Die Grilltemperatur nun reduzieren (Lüftungsöffnungen fast ganz schließen) und die Platte mit den Steaks in den indirekten Bereich ziehen. Den Speck für die Sauce im Pfännchen 2–3 Minuten im indirekten Bereich auslassen.

4. Das Brot für den Salat direkt auf jeder Seite 30 Sekunden anrösten, dann in Stücke zupfen und auf das Gemüse in der Schüssel geben. Die Vinaigrette darübergießen und alles 10–15 Minuten durchziehen lassen. Den ausgelassenen Speck in die Sauce rühren.

5. Haben die Steaks je nach gewünschtem Gargrad eine Kerntemperatur von 52–58 °C erreicht, vom Grill nehmen und 5 Minuten ruhen lassen. Zum Servieren quer zur Faser aufschneiden. Den Salat gründlich mischen und mit der Specksauce zum Fleisch reichen.

Direktes und Indirektes Grillen

Geschlossener Grill

20 Min.

leicht

20–40 Min.

ORANGENHÄHNCHEN
mit Chili-Cola-Dip

FÜR 4 PORTIONEN

4 Hähnchenbrustfiflets (à 180 g)

Für die Marinade
3 El Olivenöl
4 fein gehackte Knoblauchzehen
1 fein gewürfelte Zwiebel
1 El Pimentón de la Vera
(scharfes span. Paprikapulver)
1 El getrockneter Koriander
1 Tl Salz
1 Tl Pfeffer
abgeriebene Schale und Saft
von ½ unbehandelten Orange

Für den Chili-Cola-Dip
1 El dunkles Sesamöl
2 Schalotten
330 ml Cola
2 El Sojasauce
1 El Rotweinessig
100 ml Ketchup
½ Tl Chilipaste
Salz, Pfeffer

1. Für die Hähnchenmarinade das Olivenöl erhitzen, Knoblauch und Zwiebel darin glasig werden lassen. Die Gewürze sowie Orangenschale und -saft einrühren, alles etwas einköcheln lassen und noch warm auf die gewaschenen und trocken getupften Filets streichen. Die übrige Marinade darübergießen. Die Hähnchenbrustfilets abgedeckt 30 Minuten marinieren.

2. Währenddessen den Dip zubereiten. Das Sesamöl in einem Topf erhitzen. Die Schalotten schälen, fein würfeln und im heißen Sesamöl glasig werden lassen. Die übrigen Zutaten gleichmäßig unterrühren, alles kurz aufkochen. Den Grill für direktes Grillen bei mittlerer Hitze (180–200 °C) vorbereiten.

3. Die Hähnchenbrustfilets aus der Marinade nehmen, diese etwas abstreifen und das Fleisch bei geschlossenem Deckel 15 Minuten unter Wenden leicht knusprig grillen. Im Ganzen oder aufgeschnitten mit dem Dip servieren. Dazu schmecken Reis-Timbale (siehe Tipp).

TIPP: Für Reis-Timbale vom Grill 2 Tassen Reis in Salzwasser kochen. Nach Belieben mit Gemüse oder Mandeln und Rosinen mischen und in gebutterte kleine Grillschalen füllen. Mit einem Holzlöffelstiel Vertiefungen in die Oberfläche drücken und Butterflocken hineingeben. Auf dem Grill direkt bei mittlerer Hitze 4–5 Minuten grillen, dabei wird die Reisunterseite schön kross. Stürzen und servieren.

Direktes Grillen

Geschlossener Grill

15 Min. (+Marinierzeit)

leicht

ca. 15 Min.

Indirektes
Grillen

40 Min.

Geschlossener
Grill

mittel

2 Std.

GRILLHÄHNCHEN
mit Spinatfüllung

FÜR 4 PORTIONEN

Für das Hähnchen

200 g Spinat (frisch oder TK)
3 Schalotten
100 g Walnusskerne
3 Scheiben Toast
2 El Butter
Salz, Pfeffer
geriebene Muskatnuss
2 Knoblauchzehen
1 Ei
1 ganzes Hähnchen (1,5–2 kg)
2 Tl edelsüßes Paprikapulver
1 Tl getrockneter Majoran
1 Tl brauner Zucker
½ Tl Knoblauchgranulat
½ Tl getrockneteter Thymian
1 El Öl
Rosmarin oder Thymian zum Servieren

Außerdem
Fleischnadel
Küchengarn
Grillthermometer

1. Zunächst die Füllung für das Hähnchen vorbereiten. Dafür den Spinat gegebenenfalls auftauen und gut ausdrücken oder den frischen Spinat putzen und grob hacken. Die Schalotten schälen und fein würfeln.

2. Die Walnüsse grob hacken. Das Toastbrot in etwa 1 cm große Würfel schneiden. 1 Esslöffel Butter in einem Topf zerlassen und die Schalotten darin kurz anschwitzen. Spinat und Walnüsse hinzufügen, kurz mitdünsten, dann den Topf vom Herd nehmen und gut mit Salz, Pfeffer und Muskat würzen.

3. In einer Pfanne 1 Esslöffel Butter zerlassen und die Toastwürfel darin anrösten. Knoblauch schälen, grob hacken, zum Brot geben und durchrühren. Die Spinatmasse unterrühren. Das Ei dazugeben und alles gut vermengen. Etwas abkühlen lassen. Das Huhn innen und außen waschen und trocken tupfen. Dann mit der Masse füllen. Mithilfe einer Fleischnadel und Küchengarn zunähen.

4. Paprikapulver, Majoran, Zucker, Knoblauchgranulat, Thymian, Pfeffer und Salz miteinander vermengen. Das Grillhähnchen zunächst leicht mit Öl, dann mit der Gewürzmischung einreiben und leicht einmassieren. Flügel und Keulen mit etwas Küchengarn zusammenbinden.

5. Den Grill für indirektes Grillen bei mittlerer Hitze (180 °C) vorbereiten, das Huhn auf den Rost legen, den Deckel schließen. Pro Kilo ca. 60 Minuten bis zu einer Kerntemperatur von 72 °C in der Brust und 75 °C in der Keule grillen. Das Huhn regelmäßig wenden.

KNUSPRIGE CHICKEN WINGS
und saftige Drumsticks

FÜR 4 PORTIONEN

Für die Hähnchenflügel und -unterschenkel

12 Hähnchenflügel
12 Hähnchenunterschenkel
2 El Rauchgewürz (s. S. 87)
3 El Honig
2 El BBQ-Rub (s. S. 87)
2 El Olivenöl

Für die rote Mojo

2 rote Paprikaschoten
1 rote Chilischote
3 Knoblauchzehen
*1–2 El fein geriebenes Weißbrot
vom Vortag*
50 ml Olivenöl
1 El Kräuteressig
1 Msp. Kreuzkümmel
Meersalz, Pfeffer

Für die Sour Cream

1 kleine Zwiebel
½ Bund glatte Petersilie
1 El Schnittlauchröllchen
150 g Magerquark
150 g Joghurt
1 Tl Zitronensaft
Salz, Pfeffer

1. Den Grill für indirektes Grillen bei 200–220 °C vorbereiten. Die Hähnchenflügel und -unterschenkel waschen und trocken tupfen. Aus den übrigen Zutaten zwei Rubs herstellen: das Rauchgewürz mit dem Honig und den BBQ-Rub mit dem Öl vermischen.

2. Die Chicken Wings rundum mit dem Rauch-Honig-Rub würzen. Die Drumsticks mit dem BBQ-Rub einreiben. Dabei die Haut vorsichtig in Richtung Knochen ziehen, sodass die Gewürze auch am Fleisch angebracht werden können. Anschließend die Haut wieder zurückziehen.

3. Zuerst die Drumsticks im indirekten Bereich ca. 10 Minuten grillen, dabei am besten mehrmals wenden. Die Chicken Wings mit der Hautseite nach oben dazulegen und alles noch weitere 35 Minuten garen.

4. In der Zwischenzeit für die rote Mojo die Paprikaschoten vierteln, putzen, waschen und auf eine Grillplatte legen, sodass die Hautseite nach unten zeigt. Direkt über der Glut ca. 10 Minuten rösten, bis die Haut Blasen wirft.

5. Vom Grill nehmen, mit einem feuchten Tuch bedecken und etwas abkühlen lassen. Die Chilischote halbieren, putzen, waschen und fein schneiden. Die Knoblauchzehen abziehen und fein hacken. Paprika häuten und würfeln. Alle Zutaten der Mojo grob pürieren und mit Salz und Pfeffer abschmecken.

6. Für die Sour Cream die Zwiebel schälen und fein reiben. Die Petersilie waschen, trocken schütteln und die Blättchen fein hacken. Mit der Zwiebel und den übrigen Zutaten verrühren und mit Salz und Pfeffer abschmecken. Die Chicken Wings und Drumsticks direkt vom Grill mit den beiden Dips servieren.

Direktes und
Indirektes
Grillen

Geschlossener
Grill

20 Min.

leicht

45 Min.

Direktes und
Indirektes
Grillen

25 Min.

Geschlossener
Grill

mittel

29 Min.

HAWAIIANISCHES HÄHNCHEN
mit Salatwraps

FÜR 4 PORTIONEN

Für die Salatwraps
200 g Couscous
200 ml Gemüsebrühe
1 gelbe Paprikaschote
150 g Kirschtomaten
1 Avocado
Saft von 1 Zitrone
1 Romanasalat
5 Stängel glatte Petersilie
6 El Olivenöl
2 El Hüttenkäse
Salz, Pfeffer

Für die Hähnchenpäckchen
2 doppelte Hähnchenbrüste ohne Haut
(à 400 g)
2 Zweige Thymian
Meersalz, Pfeffer
Öl nach Belieben
150 g frisches Ananasfruchtfleisch
8 Scheiben Parmaschinken
1 Kugel Mozzarella (125 g)

1. Für die Füllung der Salatwraps den Couscous nach Packungsanweisung in der heißen Brühe quellen lassen. Die Paprikaschote waschen, putzen und in kleine Würfel schneiden. Die Tomaten waschen und halbieren oder vierteln. Die Avocado halbieren, den Kern herauslösen und das Fruchtfleisch aus der Schale lösen und klein schneiden. Sofort mit etwas Zitronensaft beträufeln. Den Salat und die Kräuter waschen und trocken schütteln. Dann die Petersilie fein hacken. Vom Salatkopf mindestens 8 große Blätter abtrennen. Couscous mit Gemüse, Petersilie und den übrigen Zutaten vermengen. Mit Salz und Pfeffer abschmecken und noch etwas durchziehen lassen.

2. Den Grill für direktes Grillen bei 220 °C und indirektes Grillen bei 160 °C vorbereiten. Die Hähnchenbrüste teilen, waschen und trocken tupfen. Den Thymian waschen und trocken schütteln, die Blättchen vom Stängel zupfen und im Mörser mit Salz und Pfeffer zerstoßen. Das Fleisch mit der Gewürzmischung leicht einreiben. Eventuell mit etwas Öl benetzen, damit das Kräutersalz besser haftet.

3. Die Hähnchenbrüste direkt über der Glut von beiden Seiten jeweils 2 Minuten grillen. Das Ananasfruchtfleisch in feine Streifen schneiden. Jeweils 2 Scheiben Parmaschinken auslegen, das Fleisch daraufsetzen, dann mit dem in Scheiben geschnittenen Mozzarella und Ananas belegen. Die Hähnchenbrüste mit den Schinkenscheiben umwickeln. Die „Päckchen" in einer Auflaufform im indirekten Bereich des Grills 20–25 Minuten garen, die Kerntemperatur sollte am Ende 75 °C betragen.

4. Zum Servieren die Couscous-Füllung mittig auf den Salatblättern verteilen. Die Blätter vorsichtig aufrollen und mit der offenen Seite nach unten auf Tellern zum Maishähnchen reichen.

FLEISCH

BACON-BOMBS
mit Frischkäse und Pilzen

FÜR 4 PORTIONEN

Für die Bacon-Bombs

1 dicke Scheibe trockenes Brot
vom Vortag
150 ml Milch
1 Zwiebel
1 El Olivenöl
2 El getrocknete krause Petersilie
2 El getrockneter Majoran
Salz, Pfeffer
1 El scharfer Senf
1 Ei
600 g gemischtes Hackfleisch
4 große braune Champignons
12 Scheiben Bacon
120 g Frischkäse

Für den Dip

100 ml dunkler Ahornsirup
3 El dunkler Aceto balsamico
2 El Tomatenmark
½ Tl Cayennepfeffer
Salz, Pfeffer

Außerdem

Hickory-Chunks
Grillschale
Zwiebelringe und grüne Peperoniringe

1. Das Brot würfeln und in der Milch 10 Minuten einweichen. Die Zwiebel schälen, fein würfeln und im Öl anschwitzen. Das Brot ausdrücken und mit der Zwiebel, den Kräutern und Gewürzen, dem Senf und dem Ei gleichmäßig unter das Hackfleisch mengen. Aus dem Hackteig 4 flache Fladen formen.

2. Die Champignons putzen und würfeln. Eine kleine Schüssel mit jeweils 3 Baconscheiben überlappend so auslegen, dass möglichst alles bedeckt ist. Einen Hackfladen hineinlegen und mit Frischkäse und Pilzen füllen. Zu einer möglichst runden Kugel schließen und mit dem Bacon einwickeln. Auf diese Weise 4 Bombs formen und diese dann 30 Minuten in den Kühlschrank stellen.

3. Währenddessen den Grill mit Hickory-Chunks für direktes und indirektes Grillen bei mittlerer Hitze (200–220 °C) vorbereiten. Die Bacon-Bombs direkt bei geschlossenem Deckel 5 Minuten unter Wenden grillen, dann 20–25 Minuten indirekt mit Deckel weitergrillen.

4. Die Zutaten für den Dip mit etwas Wasser in einer Grillschale verrühren, indirekt auf dem Grill erwärmen und einköcheln lassen – es sollte eine sämige, dickflüssige Sauce entstehen. Den Dip zu den Bacon-Bombs reichen oder diese bereits zum Servieren damit glasieren. Mit Zwiebel- und Peperoniringen dekorieren. Dazu schmecken Kartoffel-Wedges (siehe Seite 86) und Krautsalat.

CEVAPCICI
mit Schafskäsefüllung und Ajvar

FÜR 4 PORTIONEN

Für die Cevapcici
1 Zwiebel
1 Knoblauchzehe
600–700 g Rinderhack
1 El Paniermehl
1 Ei
1 gehäufter El gehackte krause Petersilie
1 Tl rosenscharfes Paprikapulver
1 Tl Chilipulver
1 Tl getrockneter Thymian
Salz, Pfeffer
250 g Schafskäse

Für das Ajvar
1 Zwiebel
1 Knoblauchzehe
1 kleine Peperoni
2–3 dicke Auberginenscheiben
4 El Olivenöl
2–3 El Paprikapaste
1 El Zitronensaft
Salz, Pfeffer

Außerdem
2 Tassen Basmatireis
Salz
1 El Butter
3–4 El gedünstetes, fein gewürfeltes
Gemüse (Erbsen, Mais, Paprika oder andere)

1. Für die Cevapcici die Zwiebel schälen und fein würfeln, den Knoblauch schälen und fein hacken. Alle Zutaten bis auf den Schafskäse in einer Schüssel miteinander vermengen und würzig abschmecken. Den Schafskäse in 0,5 cm breite Streifen schneiden. Vom Hack eine kleine Handvoll Teig nehmen und zu einem Taler formen. Einen Käsestreifen damit umschließen, sodass ein etwa fingerlanges, dickes Röllchen entsteht. So mit dem gesamten Teig verfahren. Die Röllchen 1 Stunde in den Kühlschrank stellen.

2. Währenddessen für das Ajvar Zwiebel und Knoblauch schälen und fein hacken, die Peperoni waschen und ebenfalls fein hacken. Die Auberginenscheiben in 3 Esslöffeln Öl auf beiden Seiten ca. 5 Minuten braten. Mit der Paprikapaste, Zwiebel, Knoblauch und Peperoni pürieren, mit restlichem Öl und Saft verrühren und würzig abschmecken.

3. Den Grill für direktes Grillen bei mittlerer bis hoher Hitze (220–240 °C) vorbereiten. Die Cevapcici direkt mit Deckel 10–12 Minuten rundherum grillen.

4. Für den bunten Gemüsereis den Reis in Salzwasser nach Packungsanweisung garen und abgießen. Mit Butter und Gemüse mischen und mit dem Ajvar zu den Cevapcici servieren.

Direktes Grillen

Geschlossener Grill

30 Min.
(+ Kühlzeit)

leicht

10–12 Min.

direktes Grillen

Geschlossener Grill

25 Min. (+ Ziehzeit)

leicht

10–15 Min.

BRATWURSTKRANZ
mit Apfel-Kartoffel-Salat

FÜR 4 PORTIONEN

*8 Rostbratwürste, Rindsbratwürste
oder Thüringer Würste*

Für den selbstgemachten Senf
*250 g feines Senfmehl
1 gehäufter El Salz
4 El feiner Zucker
150 ml 5 %-iger Weißweinessig*

Für den Apfel-Kartoffel-Salat
*400 g vorwiegend festkochende Kartoffeln
Salz
1 großer säuerlicher Apfel
Saft von ½ Zitrone
2 Zwiebeln
100 g Parmaschinken
50 ml Gemüsebrühe
50 ml naturtrüber Apfelsaft
2 El Butter
Pfeffer*

Außerdem
8 Holzspieße

1. Das Senfmehl mit Salz und Zucker mischen. Den Essig mit 180 ml Wasser aufkochen, etwas abkühlen lassen und dann die trockene Mischung damit nach und nach zu beliebiger Konsistenz anrühren. In ein sauberes Schraubglas füllen, das Glas verschließen und kühl lagern.

2. Für den Salat die Kartoffeln waschen und in der Schale in Salzwasser nicht zu weich garen. Währenddessen den Apfel waschen und mit der Schale in sehr feine Stifte schneiden, dann mit Zitronensaft beträufeln. Die Zwiebeln schälen, fein würfeln und in eine Schüssel geben. Den Schinken würfeln und in einer Pfanne auslassen. Die Gemüsebrühe mit dem Apfelsaft aufkochen und über die Zwiebeln geben, abgedeckt ziehen lassen. Die Butter zerlassen.

3. Die Kartoffeln abgießen, abschrecken und pellen. In dicke Scheiben schneiden und mit dem Schinken und den Apfelstiften unter die Zwiebeln in der Brühe heben. Kräftig würzen und mit der Butter übergießen. Abgedeckt an einem kühlen Ort durchziehen lassen.

4. Jede Bratwurst zum Kranz winden und diesen mit einem Holzspieß fixieren. Den Grill für direktes Grillen bei mittlerer Hitze (200–220 °C) vorbereiten und die Bratwürste mehrfach einstechen. Rundherum direkt mit Deckel 10–15 Minuten grillen. Die Würste sind gar, wenn die Haut leicht aufgeplatzt und die ganze Wurst gleichmäßig knusprig ist. Mit selbst gemachtem Senf und Apfel-Kartoffel-Salat servieren.

AMERICAN STYLE HOT DOG

FÜR 4 PORTIONEN

Für die Hot Dogs

*4 Hot-Dog-Würstchen aus Schweine-
und Rindfleisch
4 Hot-Dog-Brötchen (FP)*

Für den Ketchup Quick'n Spicy

*(ergibt 500–600 ml)
480 ml neutrale Tomatensauce
aus der Flasche
170 g Tomatenmark
2 El Weißweinessig
60 g Zucker
1 Gewürznelke
1 Prise gemahlener Cayennepfeffer
1 Msp. Knoblauchpulver
1 Msp. Zwiebelpulver*

Für das Gurkenrelish

*8 Gewürzgurken
3 El Apfelessig
4 Gewürznelken
1 Lorbeerblatt
je 1 Prise Salz, Pfeffer und Zucker
1 El fein gehackter Dill*

Außerdem

*scharfer Senf
fein gewürfelte Zwiebeln*

1. Alle Zutaten für den Ketchup in einem Topf verrühren. Das Ganze bei mittlerer Temperatur zum Köcheln bringen und bei niedriger Temperatur 1 Stunde köcheln, zwischendurch regelmäßig umrühren. Die Nelke herausnehmen und den Ketchup glatt pürieren (der Ketchup hält sich im Kühlschrank etwa 2 Wochen).

2. Während der Ketchup köchelt, für das Relish die Gurken fein hobeln und in einem Sieb abtropfen lassen. Den Essig mit 3 Esslöffeln Wasser, Nelken und Lorbeerblatt kurz aufkochen, dann die übrigen Gewürze einrühren, bis sich Salz und Zucker aufgelöst haben. Gurken und Dill in einer Schale mischen, mit dem Sud übergießen und abgedeckt 30 Minuten ziehen lassen. Zum Servieren Nelken sowie Lorbeer entnehmen und die Flüssigkeit abgießen.

3. Den Grill für direktes Grillen bei mittlerer Hitze (180 °C) vorbereiten. Die Würstchen mehrfach einstechen oder schräg einschneiden, damit sie nicht platzen, und 5–8 Minuten direkt mit Deckel unter häufigem Wenden grillen. Die Brötchen ein-, aber nicht durchschneiden und auf den Schnittflächen direkt 30 Sekunden anrösten.

4. Die Brötchenhälften mit etwas Senf bestreichen, die heißen Würstchen hineinlegen und üppig Zwiebelwürfel, Gurkenrelish, mehr Senf und Ketchup daraufgeben und sofort servieren.

TIPP: Alternativ statt der Zwiebelwürfel in einer Grillschale Zwiebelringe in etwas Olivenöl mit 1 Prise Zucker indirekt auf dem Grill 15 Minuten weich dünsten.

Direktes Grillen

Geschlossener Grill

15 Min. (+Kochzeit)

leicht

5–8 Min.

Indirektes
Grillen

30 Min.

Geschlossener
Grill

mittel

1 Std.

FORELLE IN SALZKRUSTE
mit Avocado-Spinat-Salat

FÜR 4 PORTIONEN

Für die Forelle

*1 küchenfertige rotfleischige Forelle
(ca. 2 kg)
1 unbehandelte Zitrone
1 unbehandelte Orange
½ Bund Dill
1 kg grobes Meersalz
2 Eiweiß*

Für das Dressing

*1 reife Avocado
1 Knoblauchzehe
4 El Rapsöl
2 El Aceto balsamico bianco
Salz, Pfeffer*

Für den Avocado-Spinat-Salat

*150 g Champignons
200 g Babyspinat
1 reife Avocado
Saft von ½ Zitrone
50 g Walnusskerne
1 El Schnittlauchröllchen*

1. Die rotfleischige Forelle unter fließendem Wasser waschen und trocken tupfen. Die Haut auf beiden Seiten mehrmals vorsichtig einschneiden. Für die Salzkruste die gewaschene Schale der Zitrone und der Orange jeweils fein abreiben. Den Dill waschen, trocken schütteln und fein hacken. Die Zutaten in einer Schüssel mit dem Salz mischen und zum Schluss noch das Eiweiß untermengen.

2. Den Grill für indirektes Grillen bei 180 °C vorbereiten. Die Hälfte der Salzmischung auf einem großen Stück Alufolie verteilen, dabei sollte die Salzfläche in etwa mit dem Umriss der Forelle übereinstimmen. Den Fisch auf die Salzschicht legen. Die andere Hälfte gleichmäßig auf dem Fisch verteilen, sodass er komplett bedeckt ist. Das Salz noch etwas andrücken. Die Forelle ca. 1 Stunde bei geschlossenem Deckel mit indirekter Hitze garen.

3. In der Zwischenzeit für das Dressing die Avocado schälen, entsteinen und das Fruchtfleisch in einer Schüssel mit einer Gabel fein zerdrücken. Die Knoblauchzehe schälen und dazupressen. Mit Öl und Essig verrühren und mit Salz und Pfeffer abschmecken.

4. Die Champignons putzen, abreiben und in dünne Scheiben schneiden. Mit der Hälfte des Dressings bedecken und etwas ziehen lassen. Den Spinat waschen, putzen und trocknen. Die Avocado halbieren, schälen, den Kern entfernen und die Hälften in dünne Spalten schneiden. Mit dem Zitronensaft beträufeln. Die Walnusskerne grob hacken.

5. Ist die Forelle gar, Salzkruste und Haut vorsichtig entfernen und die Filets herauslösen. Zum Servieren Champignons, Spinat und Avocadospalten, auf Tellern anrichten und mit Schnittlauchröllchen und Walnusskernen bestreuen. Das Dressing löffelweise darüber verteilen. Zum Schluss die Forellenfilets aufsetzen.

FISCH

ROSMARIN-THYMIAN-DORADE
mit Bruschetta

FÜR 4 PORTIONEN

Für die Bruschetta

1 El Pinienkerne
100 g Parmesan
10 Basilikumblätter
½ rote Zwiebel
4 Romatomaten
1 El Olivenöl
Meersalz, Pfeffer
1 Baguette
1 Knoblauchzehe

Für die Doraden

2 küchenfertige Doraden (à ca. 800 g)
1 El Olivenöl
1 El Fischgewürz (s. S. 87)
2 Zweige Rosmarin
2 Zweige Thymian
4 Knoblauchzehen
2 unbehandelte Orangen

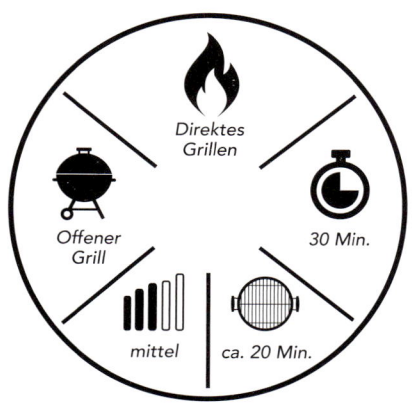

Direktes Grillen

Offener Grill

30 Min.

mittel

ca. 20 Min.

1. Die Pinienkerne in einer Pfanne ohne Fett unter Rühren hellbraun rösten. Herausnehmen und grob hacken. Den Parmesan hobeln. Das Basilikum waschen, trocken schütteln und die Blätter fein schneiden. Anschließend die Zwiebel schälen und fein würfeln. Die Tomaten waschen und zunächst vierteln. Die Stielansätze und Kerne entfernen und das Fruchtfleisch fein würfeln. Alle Zutaten in einer Schüssel mit Olivenöl, vermischen. Mit Salz und Pfeffer abschmecken und etwas durchziehen lassen.

2. Den Grill für direktes Grillen bei 220 °C vorbereiten. Die Doraden unter fließendem Wasser waschen und trocken tupfen. Die Fische vom Rücken zum Bauch je 4–6-mal leicht einritzen. Mit Olivenöl bestreichen, damit die Gewürze besser haften. Dann mit dem Fischgewürz einreiben und dabei auch die Einschnitte mitbehandeln, sodass die Würze auch unter die Haut gelangen kann. Die Kräuterzweige waschen und trocken schütteln. Die Knoblauchzehen schälen und in feine Scheiben schneiden. Je 1 Zweig Rosmarin und Thymian sowie den Knoblauch in die Bauchhöhle geben. Die Schale der Orangen fein abreiben und die Doraden von außen und innen damit einreiben.

3. Den Grillrost auf eine niedrige Position platzieren. Die Doraden jeweils in einen Fischkorb legen und von einer Seite 2–3 Minuten über direkter Hitze und bei offenem Deckel grillen, danach wenden. Diesen Rhythmus so lange wiederholen, bis eine Gesamtgarzeit von ca. 20 Minuten erreicht ist. Lässt sich die Rückenflosse leicht lösen, sind die Doraden fertig.

4. Kurz vor dem Ende der Grillzeit das Baguette in Scheiben schneiden und auf dem Grill von beiden Seiten leicht rösten. Die Knoblauchzehe schälen, halbieren und die heißen Brotscheiben auf einer Seite damit einreiben. Bruschetta auf dem Brot verteilen.

LACHS VON DER SALZPLANKE
mit Oliven-Tapenade und Fenchel

FÜR 6–8 PORTIONEN

Für die Salzplanke 25 x 25 cm
700 g grobes Meersalz
70 g feines Meersalz
2 Eiweiß

Für den Lachs
4 Lachssteaks oder -tranchen
(à 150–170 g)
Olivenöl zum Bestreichen
feines Meersalz
weißer Pfeffer
Dillspitzen zum Bestreuen

Für die Oliventapenade
25 g Anchovisfilets aus dem Glas
1 El Kapern aus dem Glas
125 g schwarze Oliven ohne Stein
3 El Olivenöl
1 Spritzer Limettensaft

1. Für die Salzplanke den Backofen auf 180 °C vorheizen. Die Zutaten gleichmäßig vermischen und etwa fingerdick (oder etwas weniger) auf ein mit Backpapier bedecktes Blech streichen – die Lachsstücke sollen später Platz darauf haben. Auf der mittleren Schiene ca. 45 Minuten backen. Den Grill für direktes Grillen bei 200 °C vorbereiten.

2. Die Planke direkt auf dem Grill ohne Deckel bei mittlerer Hitze (200 °C) 15 Minuten erhitzen. Währenddessen die Tapenade zubereiten: Anchovis, Kapern und Oliven fein hacken. Mit dem Olivenöl vermischen und mit Limettensaft abschmecken. Nach gewünschter Konsistenz – eher leicht stückig oder cremig – kurz mit dem Stabmixer weiterverarbeiten.

3. Die Lachssteaks oder -tranchen waschen, mit Küchenpapier trocken tupfen und mit Olivenöl bestreichen. Mit Pfeffer würzen (die Planke gibt eine feine Salznote ab) und direkt bei geschlossenem Deckel 15–20 Minuten grillen. Mit Dill bestreut servieren – dazu schmecken knuspriges Baguette mit Tapenade, aromatisierte Butter und gegrillter Fenchel (siehe Tipp).

TIPP: Für gegrillten Fenchel (2 Knollen pro Person) die Knollen waschen, putzen und in Viertel schneiden. Mit reichlich Olivenöl und Zitronensaft beträufeln, mit Salz und Pfeffer würzen und direkt bei niedriger Hitze (160 °C) und geschlossenem Deckel etwa 25 Minuten unter Wenden bissfest garen. Mit gehacktem Fenchelgrün bestreut servieren.

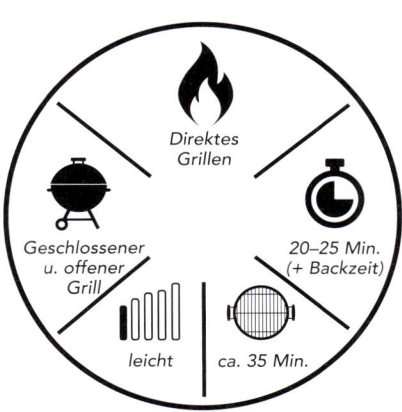

Direktes Grillen

Geschlossener u. offener Grill

20–25 Min. (+ Backzeit)

leicht

ca. 35 Min.

BLACK-TIGER-GARNELEN
mit Zitronen-Koriander-Butter

FÜR 4 PORTIONEN

Für die Garnelen

16 Black-Tiger-Garnelen
1 Stück frischer Ingwer (3 cm)
5 Knoblauchzehen
3 El Olivenöl
Salz, weißer Pfeffer

Für die Zitronen-Koriander-Butter

1 Zweig Koriander
½ unbehandelte Zitrone
100 g Butter
grobes Meersalz

Außerdem

Gusseisenplatte
1 Ciabatta

Direktes und indirektes Grillen

Geschlossener Grill

20 Min. (+ Ziehzeit)

leicht

14 Min.

1. Die Garnelen waschen und trocken tupfen. Die Schale mit Ausnahme der Schwanzflosse entfernen. Mit einem scharfen Messer entlang des Rückgrats einschneiden und den Darm herausziehen. Für die Marinade den Ingwer schälen und fein reiben. Die Knoblauchzehen schälen und in feine Scheiben schneiden. In einer Schüssel Ingwer und Knoblauch mit Olivenöl, Salz und Pfeffer vermischen. Die Garnelen in die Marinade legen und abgedeckt ca. 30 Minuten im Kühlschrank ziehen lassen.

2. In der Zwischenzeit für die Zitronenbutter den Koriander waschen und trocken schütteln. Die Blättchen von den Stielen zupfen und fein hacken. Die Schale der Zitrone fein abreiben. Mit einem Handrührgerät die Butter schaumig aufschlagen. Koriander und Zitronenschale zugeben, mit Salz würzen und 15 Minuten kalt stellen.

3. Den Grill für direktes Grillen bei 200 °C und indirektes Grillen bei 130 °C vorbereiten. Ist in der direkten Zone die Temperatur erreicht, die Gusseisenplatte auflegen, damit sich die Hitze gleichmäßig verteilt. Die marinierten Garnelen auf die Platte geben und von jeder Seite 2 Minuten grillen, bis sie eine rötliche Färbung annehmen. Anschließend bei indirekter Hitze weitere 5–10 Minuten garen.

4. Zum Servieren die Garnelen auf Tellern anrichten. Das Ciabatta in Scheiben schneiden und mit der Zitronen-Koriander-Butter dazu reichen.

TIPP: Haben Sie keine Gusseisenplatte zur Hand, können Sie die Garnelen auch einfach in einem geölten Fischsieb auf den Rost legen und kurz direkt über der Glut grillen, bevor Sie sie dann in der indirekten Zone weitergaren lassen.

PULLED-FISH-TOASTIES
mit Gurken-Schmand

FÜR 4 PORTIONEN

1 Saibling
(ca. 1 kg, küchenfertig ausgenommen)
Kräutersalz
je 4 Stängel frischer Majoran,
Thymian und Rosmarin
abgeriebene Schale von
½ unbehandelten Zitrone
2 Gewürzgurken
2 Frühlingzwiebeln
300 g Schmand
3 El mittelscharfer Senf
4 El Dillspitzen + Dill zum Dekorieren
je 1 Prise gemahlener Koriander, Piment und
Ingwer
Salz, Pfeffer
8 Scheiben Vollkorntoast

Außerdem
Pergamentpapier
Pflanzenöl
Gremolata nach Belieben

1. Den Saibling innen und außen waschen und trocken tupfen. Dann innen und außen kräftig mit Kräutersalz würzen. Die Kräuter waschen, grob hacken und mit der Zitronenschale mischen, den Fisch damit füllen. Das Pergamentpapier mehrfach falten und ölen, den Fisch daraufsetzen, er sollte stehen. Den Grill für direktes Grillen bei geringer Hitze (150 °C) vorbereiten. Den Fisch direkt bei geschlossenem Deckel ca. 35 Minuten grillen.

2. Währenddessen die Gewürzgurken in hauchfeine Scheiben schneiden. Die Frühlingszwiebeln waschen, putzen und diagonal in dünne Scheiben schneiden. Den Saibling vom Grill nehmen, etwas abkühlen lassen und tranchieren. Das Fleisch mit zwei Gabeln grob zerzupfen. Nach und nach mit Schmand und Senf mischen – die Mischung sollte nicht zu feucht werden. Gurken, Zwiebeln und Dill unterheben und alles fein mit den Gewürzen abschmecken.

3. Zum Anrichten die Toastscheiben auf dem Grill indirekt anrösten. Üppig mit der Fischcreme belegen und mit Dill garniert und nach Belieben mit Gremolata bestreut servieren.

Direktes und indirektes Grillen

Geschlossener Grill

20 Min.

mittel

ca. 40 Min.

KRÄUTER-GRILLKÄSE
selbst gemacht

FÜR 4 PORTIONEN

2 l ungesüßter Sojadrink
1 Tl Salz
Saft von 2 Zitronen
1 Bund Schnittlauch
½ Bund Dill
2 El Olivenöl

Außerdem
Grillschale

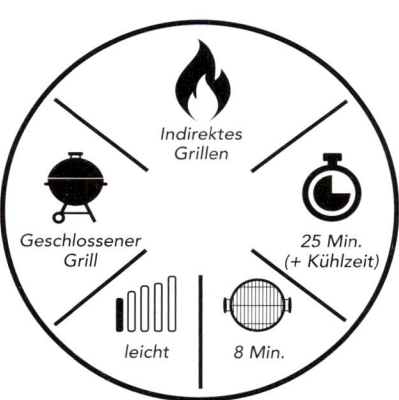

Indirektes Grillen

Geschlossener Grill

25 Min. (+ Kühlzeit)

leicht

8 Min.

1. Den Sojadrink zusammen mit dem Salz in einem großen Topf zum Kochen bringen. Sobald der Drink kocht, den Zitronensaft unter Rühren hineingeben. Das Eiweiß flockt dann aus und setzt sich von der Molke ab. Noch 2–3 Minuten köcheln lassen, dann alles durch ein mit einem sauberen Geschirrtuch ausgelegtes Sieb gießen und die Masse gut abtropfen lassen. Das Tuch darüberschlagen und den Käse gut ausdrücken.

2. Die Kräuter waschen, trocken schütteln und fein hacken. Unter die Käsemasse rühren. Den Käse auf 4 Stück Frischhaltefolie verteilen, mithilfe der Folie zu gleichgroßen Blöcken formen und in die Folie einschlagen. In eine Form legen, mit einem Küchenbrett und Konservendosen beschweren und über Nacht in den Kühlschrank stellen.

3. Am nächsten Tag den Grill für indirektes Grillen bei niedriger Hitze (140 °C) vorbereiten. Den Käse aus der Folie nehmen und dünn mit Olivenöl bestreichen. In einer Grillschale von jeder Seite 3–4 Minuten grillen.

TOFU-GEMÜSE-SPIESSE
mit Avocadodip

FÜR 4 PORTIONEN

Für die Marinade
1 Knoblauchzehe
1 Tl gemahlener Kreuzkümmel
½ Tl Cayennepfeffer
½ Tl Paprikapulver
2 El gehackte Petersilie
2 El fein gehacktes Koriandergrün
Saft von 1/2 Zitrone
4 El Olivenöl
Salz, Pfeffer

Für die Spieße
400 g Tofu
1 gelbe Paprikaschote
1 rote Paprikaschote
2 rote Zwiebeln
2 El Olivenöl

Für den Dip
2 reife Avocados
1 Knoblauchzehe
1 rote Chilischote
1 Tl gemahlener Kreuzkümmel
1 El fein gehacktes Koriandergrün
3 El Olivenöl
Saft von 1 Zitrone
Salz, Pfeffer

1. 8 Metallspieße bereitlegen oder 8 Holzspieße wässern. Für die Marinade den Knoblauch schälen und grob hacken. Den Knoblauch, die Gewürze und die Kräuter in einem Mixer gut vermengen. Den Zitronensaft und das Olivenöl unterrühren, bis eine grobe Paste entsteht, mit Salz und Pfeffer abschmecken. Den Tofu abtrocknen und in 2 cm große Würfel schneiden. Zur Marinade geben, gut vermischen und abgedeckt 30 Minuten ziehen lassen.

2. Die Paprika putzen, waschen und in 2 cm große Würfel schneiden. Die Zwiebeln schälen und in Spalten schneiden, gegebenenfalls in die einzelnen Schichten trennen.

3. Für den Avocado-Dip die Avocados halbieren, den Kern entfernen und das Fruchtfleisch mit einem Löffel herauslösen. In einer Schüssel mit einer Gabel grob zerdrücken. Den Knoblauch schälen und fein hacken. Die Chilischote waschen, trocknen, putzen und klein schneiden. Knoblauch und Chili zur Avocado geben, Kreuzkümmel und Koriandergrün hinzufügen und Olivenöl und Zitronensaft unterrühren. Mit Salz und Pfeffer abschmecken. Nach Belieben den Dip für eine feinere Konsistenz pürieren.

4. Den marinierten Tofu abwechselnd mit den Paprika- und Zwiebelstücken auf die Spieße stecken. Den Grill für direktes Grillen bei mittlerer Hitze (180 °C) vorbereiten und die Spieße 5–7 Minuten bei geöffnetem Deckel grillen, dabei gelegentlich wenden.

Direktes Grillen

Offener Grill

25 Min. (+ Ziehzeit)

mittel

7 Min.

VEGETARISCH

Direktes Grillen

Geschlossener Grill

30 Min. (+ Marinier-zeit)

mittel

5 Min.

FALAFEL
mit Rettich-Pickles

FÜR 4 PORTIONEN

Für die Pickles

900 g weißer Rettich
1 Rote Bete
4 El Weißweinessig
20 g Salz
2 grüne Chilischoten

Für die Falafel

1 großer Bund glatte Petersilie
1 Frühlingszwiebel
2 Knoblauchzehen
300 g Kichererbsen
100 g Erbsen (TK)
60 g Kichererbsenmehl
2 El Semmelbrösel
1 Tl geröstete Sesamsaat
1 El frisch gepresster Zitronensaft
1 Tl Kreuzkümmel
Salz, Pfeffer

Außerdem

etwas Olivenöl zum Bestreichen
4 Pita-Taschen
1 kleine Gartengurke

1. Rettich schälen und in kleine Stifte von etwa 1 cm Dicke und 4 cm Länge schneiden. Rote Bete ebenfalls schälen und halbieren, dabei Küchenhandschuhe tragen. 1 l kaltes Wasser mit dem Essig und dem Salz verrühren. Die Rettichstifte mit der Roten Bete und den Chilischoten darin einlegen. Die Schüssel mit Klarsichtfolie abdecken und die Rettich-Pickles etwa 5 Tage ziehen lassen.

2. Für die Falafel die Petersilie waschen, trocken schütteln und die Blätter von den Stängeln zupfen. Ein Drittel davon zurückbehalten und den Rest fein hacken. Die Frühlingszwiebel waschen, putzen, der Länge nach halbieren und in sehr feine Streifen schneiden. Die Knoblauchzehen schälen und sehr fein hacken. Kichererbsen mit Erbsen, Frühlingszwiebeln, Knoblauch und der gehackten Petersilie in den Mixer geben und pürieren. Anschließend Kichererbsenmehl, Semmelbrösel und Sesam unterarbeiten. Die Masse mit Zitronensaft, Kreuzkümmel und etwas Salz und Pfeffer abschmecken. Den Grill für direktes Grillen bei mittlerer Hitze (200 °C) vorbereiten.

3. Aus der Falafelmasse zwölf gleich große Bällchen formen, etwas flach drücken und leicht mit etwas Olivenöl bestreichen. Auf dem leicht geölten Grill bei geschlossenem Deckel auf jeder Seite 2–3 Minuten grillen, dann zum Warmhalten ganz an den Rand des Grills schieben. Die Pita-Taschen direkt auf dem Grill bei geschlossenem Deckel etwas anrösten. Die Gurke waschen und in Scheiben schneiden.

4. Die Pita-Taschen mit den Falafelbällchen, der übrigen Petersilie, den Gurkenscheiben und den Rettich-Pickles füllen und servieren. Dazu passt eine Joghurtsauce.

VEGETARISCH

GEGRILLTER CHICORÉE
mit Zitrusfruchtbutter

FÜR 4 PORTIONEN

2 gelbe Chicorée
2 rote Chicorée
10 Haselnusskerne
1 Orange
1 Limette
1 rosa Grapefruit
1 El brauner Zucker
80 g Butter
1 El fein gehackte Petersilie
Salz, Pfeffer

1. Den Chicorée waschen, putzen und der Länge nach halbieren. Die Haselnusskerne grob hacken und in einer Pfanne ohne Fett etwas anrösten. Die Zitrusfrüchte schälen, dabei auch die dünne weiße Haut mit herunterschneiden. Die Fruchtfilets zwischen den Trennhäuten herausschneiden. Den herabtropfenden Saft in einem kleinen Topf auffangen.

2. Den Grill für direktes Grillen bei mittlerer Hitze (180 °C) vorbereiten. Den Zitrussaft mit Zucker aufkochen und dickflüssig reduzieren. Butter zugeben und unterrühren. Den Chicorée in der Butter leicht erwärmen, dann herausnehmen und bei geschlossenem Deckel auf jeder Seite 4–5 Minuten (oder bis er leicht goldbraun ist) grillen.

3. Die gegrillten Chicoréehälften mit den Fruchtfilets auf Tellern anrichten, mit Salz und Pfeffer würzen. Mit Haselnusskernen und Petersilie bestreuen. Mit der lauwarmen Zitrusfrucht-Butter servieren.

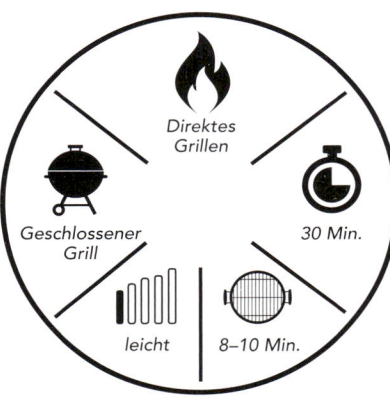

Direktes Grillen

Geschlossener Grill

30 Min.

leicht

8–10 Min.

GEGRILLTER GRÜNER SPARGEL
mit Süßkartoffeln und Tofu

FÜR 4 PORTIONEN

8 grüne Spargelstangen
2 kleine Süßkartoffeln
300 g Tofu, natur
1 unbehandelte Limette
1 roter Chili
2 Frühlingszwiebeln
2 Knoblauchzehen
4 El Sojasauce
2 El Sesamöl
1 Tl Currypaste
2 dicke Scheiben Ingwer
Salz, Pfeffer

Außerdem

8 Holzspieße, in Wasser eingelegt

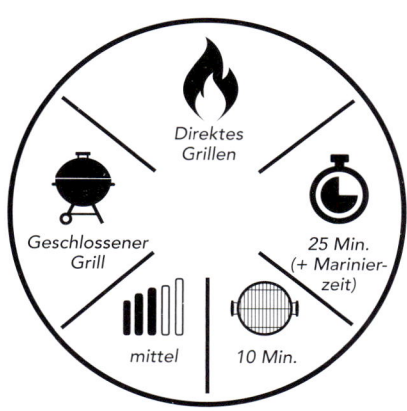

1. Den Spargel von den holzigen Enden befreien und die Stangen dann in jeweils drei gleich lange Stücke schneiden. Die Süßkartoffeln schälen, der Länge nach halbieren und in etwa 1,5 cm dicke Stücke schneiden. Spargel- und Süßkartoffelstücke getrennt voneinander in kochendem Salzwasser 3 Minuten garen, auf ein Sieb abgießen und mit kaltem Wasser abkühlen.

2. Den Tofu in etwa 1,5 cm dicke und 6 cm lange Stücke schneiden und auf Küchenpapier abtropfen lassen. Die Limette halbieren und eine Hälfte in dünne Scheiben schneiden. Die andere Limettenhälfte auspressen. Den Chili der Länge nach halbieren. Die Frühlingszwiebeln putzen und in dünne Ringe schneiden. Die Knoblauchzehen schälen und grob hacken. Sojasauce mit Sesamöl, Limettensaft sowie Currypaste verrühren und in einen Frischhaltebeutel geben. Limettenscheiben, Chilihälfte, Frühlingszwiebeln und Ingwer ebenfalls in den Beutel geben. Alles gut miteinander vermengen. Die Tofustücke dazugeben, den Beutel verschließen und den Tofu darin etwa 60 Minuten marinieren.

3. Den Grill für direktes Grillen bei mittlerer Hitze (180 °C) vorbereiten. Den marinierten Tofu abwechselnd mit dem Spargel und den Süßkartoffelstücken auf die Holzspieße verteilen. Mit etwas Salz und Pfeffer würzen. Auf dem Grill bei geschlossenem Deckel etwa 10 Minuten grillen, dabei gelegentlich wenden.

VEGETARISCH

HERZHAFTE SPINATWAFFELN

FÜR 4 PORTIONEN

50 g Dinkelmehl (Type 630)
1 Tl Backpulver
1 Tl Salz
½ Tl Natron
200 ml Milch
200 ml Sahne
4 Eier
Pfeffer
75 g frischer Spinat

Außerdem

Waffeleisen für den Grill
Öl zum Einfetten

1. Mehl, Backpulver, Salz und Natron in einer Schüssel mischen. Milch, Sahne, Eier sowie Pfeffer dazugeben und alles zu einem glatten Teig rühren. Spinat fein hacken und unterrühren.

2. Den Grill für direktes Grillen bei starker Hitze (200 °C) vorbereiten. Das Waffeleisen auf den Rost direkt über die Glut legen und 5 Minuten bei geschlossenem Deckel vorheizen.

3. Das Waffeleisen öffnen, mit wenig Öl einpinseln und 3 Esslöffel Teig hineingeben. Das Waffeleisen schließen und erneut direkt über der Glut auf den Rost legen. Den Deckel schließen und 5 Minuten grillen. Dann das Eisen wenden und die zweite Seite ebenfalls bei geschlossenem Deckel weitere 5 Minuten grillen.

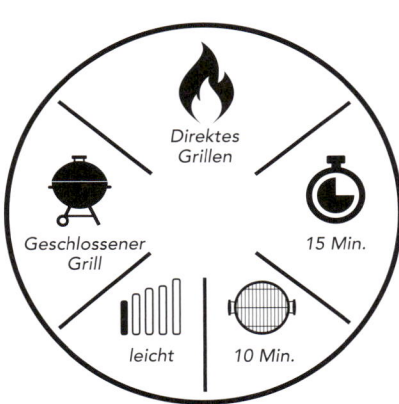

Direktes Grillen
Geschlossener Grill
15 Min.
leicht
10 Min.

COUSCOUS-CHAMPIGNONS
mit Knoblauch-Dip

FÜR 4 PORTIONEN

Für die Champignons
8 mittelgroße Champignons
60 g Couscous
Salz
1 rote Paprikaschote
Pfeffer
1 El gehackte glatte Petersilie

Für den Knoblauch-Dip
500 g Naturjoghurt
6 Knoblauchzehen
2 Tomaten
½ Bund Schnittlauch
Salz, Pfeffer

Außerdem
Grillschale
Öl für die Grillschale

1. Die Pilze putzen und die Stiele herausdrehen. Den Couscous nach Packungsanweisung in kochendem Salzwasser garen bzw. quellen lassen. Die Paprika waschen, trocknen, halbieren, von den weißen Trennwänden und Kernen befreien und in kleine Würfel schneiden. Die Paprika unter den Couscous mischen und alles mit Salz und Pfeffer abschmecken. Die Petersilie unterrühren.

2. Den Grill für direktes Grillen bei großer Hitze (200 °C) vorbereiten. Die Champignons mit der Couscous-Mischung füllen und in eine geölte Grillschale setzen. Die Grillschale über der Glut platzieren und die Pilze 10–15 Minuten bei geschlossenem Deckel grillen.

3. Für den Knoblauch-Dip den Joghurt in einer Schüssel glatt rühren. Den Knoblauch schälen und durch eine Knoblauchpresse dazudrücken. Die Tomaten waschen, putzen und klein würfeln. Unter die Creme rühren. Den Schnittlauch waschen, trocken schütteln und in Röllchen schneiden. Den Knoblauch-Dip mit Salz, Pfeffer und Schnittlauch würzen.

4. Die gegrillten Pilze mit dem Knoblauch-Dip servieren.

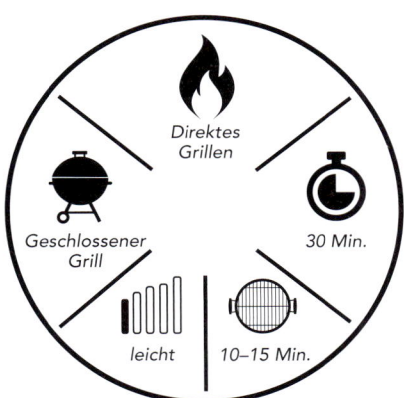

VEGETARISCH

GEFÜLLTE SPITZPAPRIKA
mit Hummus

FÜR 4 PORTIONEN

80 g Langkornreis
1 mittelgroße Zwiebel
2 El gehackte Mandeln
5 El Olivenöl
1 Prise gemahlener Safran
2 Tl Kreuzkümmel
2 Tl Paprikapulver rosenscharf
20 g Rosinen
80 g Schafskäse
10 Minzblätter
4 große hellgrüne Spitzpaprika
200 g Kichererbsen
80 ml klare Gemüsebrühe
40 g Tahin (Sesampaste)
2 El Zitronensaft
1 El Chiliflocken
Salz

1. Den Langkornreis nach Packungsanweisung in kochendem Salzwasser garen und in ein Sieb abgießen. Die Zwiebel schälen, halbieren und fein würfeln. Die Mandeln in einer Pfanne ohne Fett goldbraun anrösten, aus der Pfanne nehmen und 2 Esslöffel Olivenöl darin erhitzen. Die Zwiebelwürfel dazugeben und anbraten, bis sie leicht Farbe nehmen. Safran und jeweils 1 Teelöffel Kreuzkümmel und Paprikapulver zugeben und kurz anrösten. Die Mandeln, den gekochten Reis und die Rosinen zugeben und alles gut miteinander vermischen. In eine Schale geben, etwas abkühlen lassen. Schafskäse zerbröseln, die Minzblätter fein schneiden und beides untermischen.

2. Von den Spitzpaprika jeweils einen Deckel mit Stielansatz abschneiden. Die Kerne und die weißen Häutchen aus den Schoten herausschneiden und diese mit der Reismischung füllen. Die Stieldeckel wieder aufsetzen und mit Zahnstochern fixieren.

3. Die Kichererbsen mit Gemüsebrühe, Tahin, 2 Esslöffeln Olivenöl und Zitronensaft in einem hohen Gefäß fein pürieren. Mit dem übrigen Kreuzkümmel, Paprikapulver und etwas Salz abschmecken und in eine flache Schale füllen. In der Mitte mit einem Löffel eine Mulde formen und das übrige Olivenöl hineingießen. Mit den Chiliflocken bestreuen. Den Grill für direktes Grillen bei hoher Temperatur (220 °C) vorbereiten.

4. Die Spitzpaprika auf dem Grill mit geschlossenem Deckel unter gelegentlichem Wenden 10–15 Minuten grillen. Die gegrillten Paprika mit dem Hummus servieren.

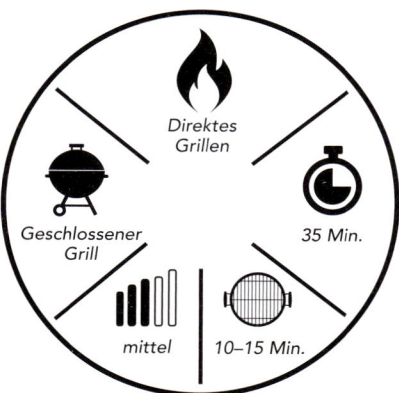

Direktes Grillen
Geschlossener Grill
35 Min.
mittel
10–15 Min.

FRÜHLINGSNUDELSALAT
mit Erbsenpesto

FÜR 4 PORTIONEN

400 g kleine kurze Nudeln (z. B. Farfalle)
1 rote Zwiebel
3 El Olivenöl
200 g Erbsen (TK)
½ Bund Basilikum
3 Blätter Sauerampfer
100 ml Weißwein
1 El Zitronensaft
2 El fein geriebener Parmesan
1 Bund grüner Spargel
3 Frühlingszwiebeln
Salz, Pfeffer

1. Die Nudeln nach Packungsangabe bissfest garen, durch ein Sieb abgießen und abtropfen lassen. Die Zwiebel schälen, halbieren und fein würfeln. In einer Pfanne 1 Esslöffel Olivenöl erhitzen und die Zwiebelwürfel darin glasig andünsten.

2. Die Erbsen zugeben und etwa 2 Minuten mit andünsten. Die Hälfte der Erbsen in ein hohes Gefäß füllen, die restlichen in eine große Salatschüssel geben. Das Basilikum von den Stängeln zupfen, die Sauerampferblätter fein schneiden. Den Weißwein, das restliche Olivenöl, den Zitronensaft, Basilikum, Sauerampfer und Parmesan in den Becher zu den Erbsen geben und mit dem Mixstab fein pürieren. Mit Salz und Pfeffer würzen.

3. Den Spargel von den holzigen unteren Enden befreien und schräg in etwa 3 cm lange Stücke schneiden. In kochendem Salzwasser bissfest garen und durch ein Sieb abgießen. Mit kaltem Wasser abschrecken und abtropfen lassen. Die Frühlingszwiebeln putzen und in feine Ringe schneiden.

4. Nudeln, Spargel und Frühlingszwiebeln zu den Erbsen in die Salatschüssel geben. Das Erbsenpesto darübergeben und alles gut miteinander vermengen.

Zubereitungszeit: *40 Minuten*
Schwierigkeitsgrad: *Einfach*

RHABARBER-MOZZARELLA-SALAT
mit Honig

FÜR 4 PORTIONEN
500 g Rhabarber
250 g Erdbeeren
400 g Büffel-Mozzarella
2 El Honig
5 El Olivenöl
3 El Balsamicoessig
50 g gemischter Blattsalat
4 Basilikumzweige
Meersalz, Pfeffer

1. Den Rhabarber waschen, putzen und in 2 cm große Stücke schneiden. Die Erdbeeren waschen, den Stielansatz abschneiden und die Früchte halbieren.

2. Den Mozzarella in Würfel von 1 cm Kantenlänge schneiden. Honig in einer Pfanne erhitzen und den Rhabarber 3–4 Minuten darin dünsten. Die Rhabarberstücke in einer Schüssel abkühlen lassen.

3. Olivenöl und Essig mit einem Schneebesen verquirlen und mit Salz und Pfeffer würzen. Die Blattsalate waschen und trocken schleudern.

4. Erdbeeren, Rhabarber und Mozzarella in einer Schüssel mischen. Mit der Vinaigrette marinieren und mit Basilikum garnieren. Zusammen mit den Blattsalaten anrichten.

Zubereitungszeit: *15 Minuten (+ Zeit zum Abkühlen)*
Schwierigkeitsgrad: *Einfach*

RHABARBER-SPARGEL-SALAT
mit Himbeervinaigrette

FÜR 4 PORTIONEN

500 g Rhabarber
500 g grüner Spargel
2 El Rapsöl
2 El Rohrzucker
½ Bund Schnittlauch
250 g Himbeeren
4 El Olivenöl
3 El Himbeeressig
½ Tl Senf
Zucker
Meersalz, Pfeffer

1. Den Rhabarber waschen, putzen und in 5 cm lange Stifte schneiden. Den Spargel schälen, die holzigen Enden abschneiden und die Spargelstangen mit Salz und Zucker bissfest kochen. In kaltem Wasser abschrecken und schräg in 3–4 cm große Stücke schneiden.

2. Das Rapsöl in einer beschichteten Pfanne erhitzen und die Rhabarberstifte 1 Minute stark anbraten. Mit Rohrzucker bestreuen und karamellisieren. Aus der Pfanne nehmen und abkühlen lassen.

3. Den Schnittlauch waschen und in Röllchen schneiden. Die Himbeeren abbrausen und auf Küchenpapier abtropfen lassen. Olivenöl, Essig und Senf in einer Schüssel verrühren und mit Zucker, Meersalz und Pfeffer würzen.

4. Spargel, Rhabarber und Himbeeren mischen, mit der Vinaigrette marinieren und mit den Schnittlauchröllchen bestreut servieren.

Zubereitungszeit: *15 Minuten (+ Zeit zum Abkühlen)*
Schwierigkeitsgrad: *Einfach*

CAESAR-SALAT VOM GRILL

150 g Blauschimmelkäse
12 Scheiben Baguette
4 Romana-Salatherzen
1 Knoblauchzehe
1 El Zitronensaft
1 Tl scharfer Senf
1 Ei
120 ml Olivenöl
20 g frisch geriebener Parmesan
1 Prise Zucker
Salz, Pfeffer

Außerdem
Grillschale

1. Den Grill für direktes Grillen bei mittlerer Hitze (180 °C) vorbereiten. Die Baguettescheiben auf dem Grill von einer Seite 3 Minuten anrösten. Den Blauschimmelkäse fein zerbröseln und auf den gegrillten Seiten der Brote verteilen. In einer Grillschale verteilen.

2. Die Salatherzen waschen, putzen und der Länge nach halbieren. Die Knoblauchzehe schälen und sehr fein hacken. Knoblauch mit Zitronensaft, Senf, Ei, Olivenöl und Parmesan in ein hohes Gefäß geben und mit dem Stabmixer zu einem cremigen Dressing verarbeiten. Mit Zucker, Salz und Pfeffer würzen.

3. Das Blech mit den Baguettescheiben auf den Grill setzen. Den Grilldeckel schließen und die Brote so lange rösten, bis der Käse anfängt zu verlaufen. Die Salatherzen von jeder Seite etwa 2 Minuten grillen. Mit etwas Salz und Pfeffer würzen.

4. Die Salatherzen mit den Blauschimmel-Baguettes auf Tellern anrichten. Das Dressing über die Salatherzen geben und sofort servieren.

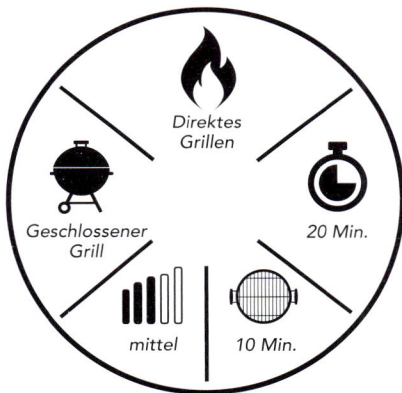

Direktes Grillen · 20 Min. · Geschlossener Grill · mittel · 10 Min.

SPITZKOHLSALAT
mit Radieschen und Brunnenkresse

FÜR 4 PORTIONEN

600 g Spitzkohl
1 Bund Radieschen
1 Bund Brunnenkresse
2 El Apfelessig
4 El Apfelsaft
3 El Öl
Zucker
Salz, Pfeffer
2 El Sonnenblumenkerne
2 El fein geschnittener Schnittlauch
2 Scheiben Bauernbrot
1 El Butter

1. Die äußeren Blätter des Spitzkohls entfernen. Den Spitzkohlkopf der Länge nach halbieren und den harten Strunk herausschneiden. Die Hälften in feine Streifen schneiden und in eine Schüssel geben.

2. Die Radieschen putzen und in feine Scheiben schneiden. Die Brunnenkresse putzen und die harten Stiele entfernen. Radieschen und Brunnenkresse zum Spitzkohl geben.

3. Apfelessig, Apfelsaft und Öl zu einem Dressing verrühren und mit etwas Zucker, Salz und Pfeffer abschmecken. Den Spitzkohlsalat mit dem Dressing mischen. Die Sonnenblumenkerne in einer Pfanne ohne Fett goldbraun anrösten, kurz abkühlen lassen und mit dem Schnittlauch unter den Salat mengen.

4. Das Bauernbrot in Würfel schneiden. Die Butter in einer Pfanne zerlassen und die Brotwürfel darin anbraten. Mit etwas Salz würzen. Den Salat auf Tellern oder in Schalen anrichten und mit den Brotwürfeln bestreuen.

Zubereitungszeit: 30 Minuten
Schwierigkeitsgrad: Einfach

GEGRILLTE KAROTTEN
mit Honig-Thymian-Ricotta

FÜR 4 PORTIONEN

2 Bund kleine junge Karotten
4 El Honig
4 El Balsamicoessig
4 El Olivenöl
Salz, Pfeffer
150 g Ricotta
2 Schalotten
2 Thymianzweige
½ Tl abgeriebene Schale
von 1 unbehandelten Zitrone
2 El fein gehackte glatte Petersilie

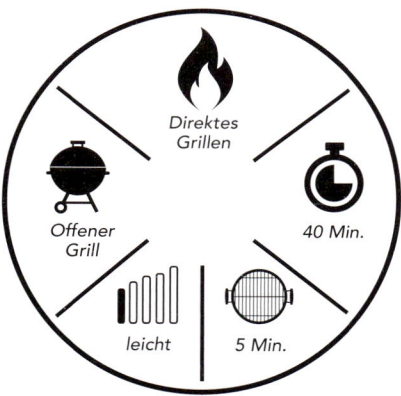

1. Die Karotten putzen, waschen und schälen. Dickere Karotten eventuell der Länge nach halbieren. In kochendem Salzwasser bissfest garen, in ein Sieb abgießen und mit kaltem Wasser abschrecken.

2. Honig mit Balsamicoessig und 3 Esslöffel Olivenöl in einen Topf geben und kurz aufkochen. Die Marinade in eine flache Schale geben und mit Salz und Pfeffer würzen. Die Karotten darin schwenken, sodass sie gleichmäßig mit der Marinade überzogen sind.

3. Den Ricotta in eine Schale geben. Die Schalotten schälen, halbieren und in sehr feine Würfel schneiden. Die Thymianblättchen von den Zweigen zupfen. Das übrige Olivenöl in einer Pfanne erhitzen und die Schalottenwürfel darin glasig andünsten. Die Thymianblättchen zugeben und ebenfalls kurz andünsten. Etwas abkühlen lassen und mit der Zitronenschale zum Ricotta geben. Alles miteinander vermengen und mit Salz und Pfeffer würzen. Den Grill für direktes Grillen bei mittlerer Temperatur (200–220 °C) vorbereiten.

4. Die Karotten auf dem Grill bei geöffnetem Deckel etwa 5 Minuten direkt grillen, bis sie leicht karamellisieren. Dabei mehrmals wenden, damit sie nicht anbrennen.

5. Die Karotten auf Tellern verteilen und mit der gehackten Petersilie bestreuen. Die übrige Marinade über den heißen Karotten verteilen und den Ricotta darauf anrichten. Mit der gehackten Petersilie bestreuen.

DREIERLEI GEFÜLLTE TOMATEN
vom Grill

FÜR 8 PORTIONEN

12 große Tomaten
Salz, Pfeffer

Für die Knoblauch-Parmesan-Füllung

4 Knoblauchzehen
2 El gehacktes Basilikum
3 El Olivenöl
4 El geriebener Parmesan

Für die Käse-Füllung

50 g geriebenen Emmentaler-Käse
1 El Frischkäse
1 kleines Ei

Für die Mozzarella-Pilz-Füllung

3 Tl gerebelter Oregano
1 Kugel Mozzarella (à 125 g)
4 große Champignons

Außerdem

Grillschale

1. Den Grill für direktes Grillen bei mittlerer Temperatur (180–200 °C) vorbereiten. Die Tomaten waschen und trocken tupfen. 4 Tomaten halbieren, die Schnittflächen mit Salz bestreuen und mit der Schnittseite nach unten auf ein Kuchengitter legen. Von 8 Tomaten jeweils einen Deckel abschneiden. Diese Tomaten aushöhlen und das Fleisch fein hacken. Das Tomateninnere mit Salz und Pfeffer würzen. Bei 4 Tomaten das Innere zusätzlich mit 1 ½ Teelöffel Oregano würzen.

2. Für die Knoblauch-Parmesan-Füllung die Knoblauchzehen schälen und fein hacken. Knoblauch, Basilikum und Öl verrühren. Mit Pfeffer und Salz würzen. Jede der Hälfte der halbierten Tomaten in die Marinade tauchen und anschließend mit Parmesan bestreuen. Die Tomatenhälften in eine Grillschale setzen und 5 Minuten bei geschlossenem Deckel grillen.

3. Für die Käse-Füllung Emmentaler, die Hälfte des Tomatenfruchtfleisches, den Frischkäse und das Ei verrühren und mit Salz und Pfeffer würzen. Die Mischung in 4 gesalzte und gepfefferte Tomaten füllen und die Deckel auflegen. In Alufolie wickeln und ca. 15 Minuten auf dem Rost bei geschlossenem Deckel grillen.

4. Für die Mozzarella-Pilz-Füllung den Mozzarella abtropfen lassen und würfeln. Die Champignons putzen und würfeln. Mozzarella, Pilze und das restliche Tomatenfruchtfleisch mischen, mit Salz, Pfeffer und Oregano würzen. Die Mischung in die restlichen Tomaten füllen. Die Deckel auf die Tomaten legen, in Alufolie wickeln und ca. 15 Minuten auf dem Rost bei geschlossenem Deckel grillen.

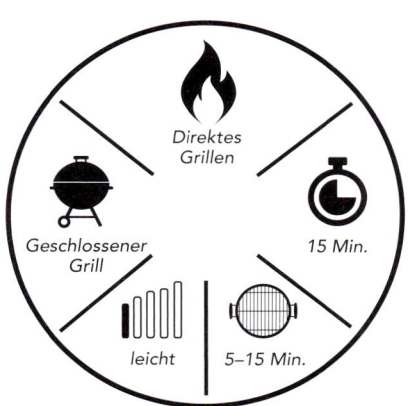

Direktes Grillen · Geschlossener Grill · 15 Min. · leicht · 5–15 Min.

WARMER KARTOFFELSALAT

FÜR 6 PORTIONEN

1,5 kg festkochende Kartoffeln
75 g Schinkenspeck
75 g Bauchspeck
2 El Öl
1 Zwiebel
125 ml Gemüsebrühe
6 El Essig
2 Tl Senf
Salz, Pfeffer
2 El frisch gehackte Petersilie
2 El frisch gehackter Schnittlauch

1. Die Kartoffeln waschen und in kochendem Wasser ca. 25 Minuten garen. Abgießen, leicht abkühlen lassen, dann schälen.

2. Den Schinkenspeck und Bauchspeck würfeln und im heißen Öl knusprig braten. Die Zwiebel schälen, würfeln und im Speckfett glasig dünsten. Mit der Brühe ablöschen. Essig, Senf, Pfeffer und wenig Salz langsam dazurühren.

3. Die Kartoffeln in dünne Scheiben schneiden und in eine Schüssel geben, mit der warmen Marinade übergießen und gut mischen. Mit den Kräutern bestreuen und noch warm servieren.

Zubereitungszeit: *50 Minuten (+ Garzeit)*
Schwierigkeitsgrad: *Einfach*

GEFÜLLTE CHAMPIGNONS

6 Riesenchampignons
1 rote Zwiebel
3 Scheiben Serranoschinken
40 g Bergkäse
30 g Crème fraîche
½ Tl Pfeffer
½ Tl Salz

Außerdem
große Grillschale

1. Die Champignons abbürsten und die Stiele herausdrehen. Mit einem Teelöffel die Pilzkappen vorsichtig ein wenig aushöhlen und die Abschnitte und Stiele fein hacken.

2. Die Zwiebel schälen und fein würfeln. Den Serranoschinken in Streifen schneiden, den Käse fein reiben. Zwiebeln, Schinken, ¾ des Käses, Crème fraîche und die fein gehackten Pilzstiele gut vermischen. Mit Pfeffer und Salz abschmecken. Die Pilzkappen mit der Mischung füllen und mit dem restlichen Käse bestreuen.

3. Den Grill für indirektes Grillen bei mittlerer Hitze (180 °C) vorbereiten. Die große Grillschale auf den Rost in den indirekten Bereich stellen, die Pilze hineingeben und etwa 10 Minuten bei geschlossenem Deckel grillen, bis die Pilze weich sind und der Käse verläuft.

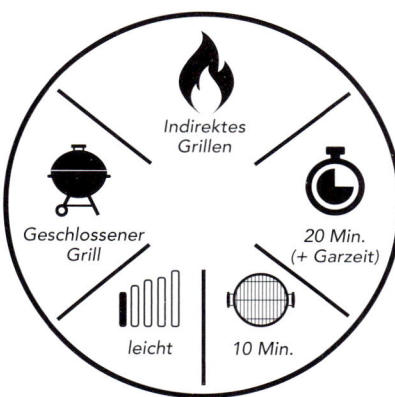

Indirektes Grillen

Geschlossener Grill

20 Min. (+ Garzeit)

leicht

10 Min.

GRATINIERTES SPINAT-KÄSE-BAGUETTE

FÜR 4 PORTIONEN

100 g Blattspinat (TK)
1 Knoblauchzehe
1 Schalotte
100 g Walnusskerne
250 g Gruyère oder mittelalten Gouda
250 g Crème fraîche
geriebene Muskatnuss
Salz, Pfeffer
1 Baguette

1. Den Spinat auftauen lassen und gut ausdrücken. Knoblauch und Schalotte schälen, in feine Würfel schneiden und mit dem Spinat vermengen. Die Walnüsse grob hacken. Den Käse reiben.

2. Crème fraîche, Käse und Walnüsse zum Spinat geben und vermengen. Mit Muskat, Salz und Pfeffer abschmecken. Das Baguette aufschneiden und die Spinat-Käse-Masse auf den Baguettehälften verteilen.

3. Den Grill für indirektes Grillen bei mittlerer Hitze (140–160 °C) vorbereiten. Das Baguette auf den Rost in den indirekten Bereich setzen und 20 Minuten bei geschlossenem Deckel gratinieren.

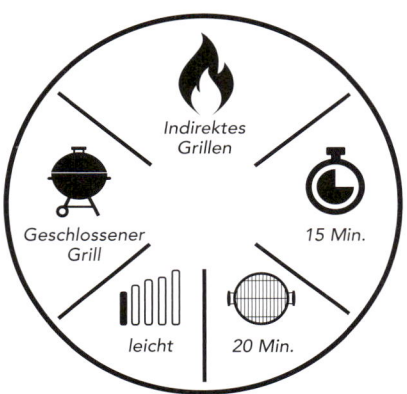

Indirektes Grillen · 15 Min. · 20 Min. · leicht · Geschlossener Grill

STOCKBROT MIT ROSMARIN

FÜR 4 PORTIONEN

500 g Weizenmehl
1 P. Trockenhefe
100 ml Milch
40 g Butter
1 Prise Salz
1 gehäufter El getrockneter Rosmarin

Außerdem

saubere lange Holzstöcke
(mindestens 50 cm)

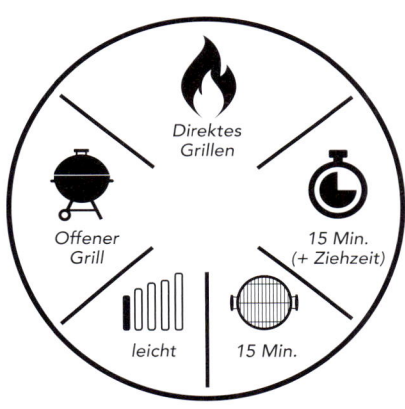

1. Die Holzstöcke 1 Stunde lang wässern. Für den Teig das Mehl in eine Schüssel füllen und eine Mulde hineindrücken, dann die Trockenhefe hineingeben. Die Milch mit der Butter erwärmen und mit der Hefe und etwas Mehl zu einem Vorteig verrühren. Salz und Kräuter zugeben und alles zu einem festen, aber geschmeidigen Teig verarbeiten, der sich gut von der Schüssel löst. Den Grill für direktes Grillen bei mittlerer Hitze (180–200 °C) vorbereiten.

2. Den Teig in Portionen teilen, zu Strängen formen und diese etwas flach drücken. Die Stöcke gut abtrocknen und die Teigstücke spiralförmig darumwickeln, sie sollten nicht rutschen. Die Stockbrote eine gute Handbreit über der Glut unter Drehen direkt ca. 15 Minuten oder bis es beim Daraufklopfen hohl klingt backen.

TIPP: Der Teig kann ganz nach Belieben verfeinert werden: mit Kräutern oder Kräutermischungen, mit Speck, mit Zwiebel- oder Gemüsewürfeln, mit gewürfelten Trockenfrüchten oder mit Rosinen.

ROGGENZUPFBROT
mit Frühlingszwiebeln, Petersilie und Greyerzer

FÜR 12 PORTIONEN

1 Roggenbrot (750 g)
300 g Greyerzer
5 Frühlingszwiebeln
8 Zweige glatte Petersilie
100 g Butter
Salz, Pfeffer

1. Den Backofen auf 180 °C vorheizen. Ein Backblech mit Backpapier auslegen. Das Roggenbrot etwa alle 2 cm rautenförmig sehr tief ein- aber nicht durchschneiden. Unten sollte das Brot 1–2 cm dick zusammenhängen. Das Brot auf das Backblech legen.

2. Den Greyerzer entrinden und in dünne Scheiben schneiden. Die Frühlingszwiebeln waschen, putzen und trocken tupfen. Das Weiße und Hellgrüne in dünne Ringe schneiden. Die Petersilie waschen, trocken tupfen und die Blätter hacken.

3. Die Butter zerlassen, Frühlingszwiebeln und Petersilie hineinrühren und die Mischung salzen und pfeffern.

4. Den Greyerzer in die Brotspalten stecken. Dafür die Scheiben gegebenenfalls passend zuschneiden. Die Buttermischung mit einem Teelöffel über dem Brot und in den Spalten verteilen. Das Brot mit Alufolie bedecken und ca. 30 Minuten backen. Nach 20 Minuten die Folie entfernen, damit das Brot schön knusprig wird.

Zubereitungszeit: 15 Minuten (+ Backzeit)
Schwierigkeitsgrad: Einfach

PULL-APART-BREAD
mit grünem Spargel, Pinienkernen und Pancetta

FÜR CA. 28 SCHEIBEN
(KASTENFORM 30 CM)

Für den Teig
500 g Dinkelmehl
½ Tl Zucker
1 Tl Salz
30 g frische Hefe
5 El Olivenöl
210 ml Mineralwasser

Für die Füllung
250 g grüner Spargel
Salz
75 g Pinienkerne
150 g Pancetta (28 feine Scheiben)
150 g Provolone dolce
70 g Butter
Pfeffer

Außerdem
Mehl für die Arbeitsfläche

Zubereitungszeit: 30 Minuten
(+ Backzeit, Ruhezeit und Zeit zum Gehen)
Schwierigkeitsgrad: Einfach

1. Dinkelmehl mit Zucker und Salz verrühren. Die Hefe in 4 Esslöffeln lauwarmem Wasser auflösen und 1 Esslöffel der Mehlmischung unterrühren. Diesen Vorteig 5 Minuten abgedeckt ruhen lassen. Olivenöl, Mineralwasser und den Vorteig zur Mehlmischung geben und alles kräftig durchkneten. Den Teig zu einer Kugel formen und abgedeckt ca. 1 Stunde an einem warmen Ort gehen lassen.

2. Den Spargel waschen, holzige Enden abschneiden und im unteren Drittel schälen. In Salzwasser ca. 6 Minuten kochen, dann abschrecken und abtropfen lassen. Von den Stangen 5 cm lange Spitzen abschneiden und beiseitelegen. Den restlichen Spargel klein würfeln. Pinienkerne in einer Pfanne ohne Fett goldgelb rösten, dann abkühlen lassen. Die Pancettascheiben portionsweise in einer Pfanne goldgelb braten, dann auf Küchenkrepp abtropfen lassen. Provolone reiben. Butter zerlassen, dann leicht abkühlen lassen.

3. Die Backform mit Backpapier auslegen. Den Hefeteig kräftig durchkneten, dann auf einer bemehlten Arbeitsfläche ca. 30 x 50 cm groß ausrollen. Die Teigplatte mit der lauwarmen Butter einpinseln. Darauf Spargelwürfel, Pinienkerne und Provolone streuen. Mit Pfeffer würzen. Pancetta darauf verteilen.

4. Die Teigplatte quer in 7 Streifen schneiden (ca. 30 x 7 cm). Die Teigstreifen mit der Füllung nach oben in 2 Stapeln übereinanderlegen. Die Stapel jeweils quer in 4 Stücke schneiden (ca. 7,5 x 7 cm). Die Teigstücke mit der Füllung nach oben in eine hochkant gestellte Kastenform stapeln. Die Spargelspitzen in die gefüllte Form verteilt hineinstecken, dann abgedeckt 30 Minuten gehen lassen. Den Backofen auf 180 °C vorheizen. Auf der mittleren Schiene ca. 45 Minuten backen. Am besten lauwarm genießen.

KARTOFFEL-WEDGES

FÜR 3–4 PORTIONEN

FÜR DAS BASISREZEPT
*1 kg vorwiegend
festkochende Kartoffeln
Meersalz
grob gemahlener Pfeffer
Olivenöl zum Beträufeln*

WÜRZMISCHUNG 1
*Meersalz
2–3 El Kräuter der Provence*

WÜRZMISCHUNG 2
*Meersalz
grob gemahlener Pfeffer
100 g geriebener Parmesan
1 Tl Knoblauchpulver
1 Tl geräuchertes Paprikapulver*

AUSSERDEM
Grillschale

1. Die Kartoffeln schälen und in nicht zu dicke Spalten schneiden. Die Spalten mit Meersalz und Pfeffer oder einer der Würzmischungen vermengen, die Kartoffeln sollten gleichmäßig damit bedeckt sein.

2. In eine Grillschale geben, mit wenig Olivenöl beträufeln und den Grill für indirektes Grillen bei mittlerer Hitze (200–220 °C) vorbereiten.

3. Die Wedges indirekt bei geschlossenem Deckel ca. 1 Stunde garen, dabei eventuell zu viel überschüssiges, in der Form stehendes Öl abgießen, damit die Kartoffeln nicht zu weich werden. In der Schale servieren.

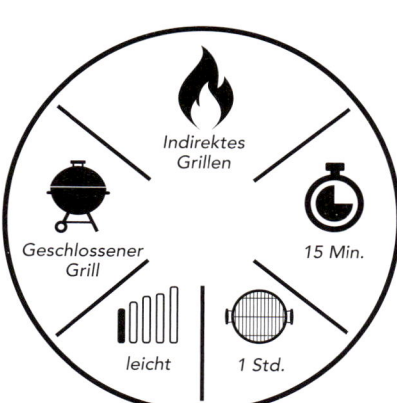

Indirektes Grillen

15 Min.

Geschlossener Grill

leicht

1 Std.

KLASSISCHER BBQ-RUB

FÜR 1 PORTION

2 El feines Meersalz
1 El Rohrzucker
1 El edelsüßes Paprikapulver
1 El Pfeffer
1 Tl Knoblauchpulver
1 Tl geräuchertes Chilipulver
1 Tl geräuchertes Paprikapulver

1. Alle Gewürze in einem Mörser fein zermahlen. Luftdicht verschlossen und lichtgeschützt in einem Schraubdeckelglas aufbewahren. Reicht zum Beispiel zum Einreiben von 1 Schweinenacken für Pulled Pork oder einfach zum Würzen nach Belieben.

Zubereitungszeit: *5 Minuten*
Schwierigkeitsgrad: *Einfach*

RAUCH-GEWÜRZ

FÜR 1–4 PORTIONEN

1 Tl Meersalz
1 El Rauchsalz
1 El geräuchertes Chilipulver
1 El Pfeffer
1 Tl Rohrzucker
1 Tl geräuchertes Paprikapulver
½ Tl getrockneter Thymian

1. Alle Gewürze in einem Mörser fein zermahlen. Luftdicht verschlossen und lichtgeschützt in einem Schraubdeckelglas aufbewahren. Reicht zum Beispiel zum Einreiben von einigen Steaks oder einem 2 kg schweren Schweinenacken.

Zubereitungszeit: *5 Minuten*
Schwierigkeitsgrad: *Einfach*

FISCH-GEWÜRZ

FÜR 3–4 PORTIONEN

2 El Pfeffer
1 El getrockneter Rosmarin
1 El feines Meersalz
1 Tl Rohrzucker
1 Tl getrockneter Dill
1 Tl getrocknete Petersilie
½ Tl Zwiebelgranulat

1. Alle Gewürze in einem Mörser fein zermahlen. Luftdicht verschlossen und lichtgeschützt in einem Schraubdeckelglas aufbewahren. Reicht zum Beispiel zum Einreiben von 3–4 Forellen oder einfach zum Würzen nach Belieben.

Zubereitungszeit: *5 Minuten*
Schwierigkeitsgrad: *Einfach*

KRÄUTER-MARINADE

FÜR 1 GLAS CA. 330 ML

*je 1 Zweig frischer Rosmarin,
Thymian und Oregano
3 Stängel glatte Petersilie
5 Knoblauchzehen
300 ml Olivenöl
abgeriebene Schale und Saft
von 2 unbehandelten Limetten
1 El Kräuteressig
Salz
grob gemahlener Pfeffer*

1. Die frischen Kräuter waschen und trocken schütteln. Die Blättchen abzupfen und fein hacken. Den Knoblauch schälen und in feine Scheiben schneiden. Kräuter und Knoblauch mit Olivenöl, Schale und Saft der Limetten sowie Essig, Salz und Pfeffer mischen. Das Grillgut über Nacht an einem kühlen Ort darin marinieren und vor dem Grillen mit Küchenpapier etwas abtupfen. Die Marinade hält in einer sauberen Flasche oder einem Schraubdeckelglas gut verschlossen, kühl und lichtgeschützt gelagert 4–6 Monate.

TIPP: Passt zu Fleisch, Geflügel & Gemüse.

Zubereitungszeit:: *10 Minuten*
Schwierigkeitsgrad: *Einfach*

BIERMARINADE

FÜR 1 GLAS CA. 350 ML

*1 große Zwiebel
3 El dunkles Sesamöl
1–2 El Rohrohrzucker
330 ml zimmerwarmes dunkles Bier
(z. B. Altbier)
4 El grobkörniger Senf
1 gehäufter Tl Currypulver
1 gehäufter Tl Chilipulver
1 Schuss Worcestersauce*

1. Die Zwiebel schälen und fein würfeln. Im Sesamöl bei mittlerer Hitze anschwitzen, dann mit Zucker bestreuen und karamellisieren lassen. Das Bier angießen und Senf sowie Gewürze gleichmäßig einrühren, mit Worcestersauce abschließen. Das Grillgut über Nacht an einem kühlen Ort darin marinieren und vor dem Grillen mit Küchenpapier etwas abtupfen. Die Marinade hält in einem sauberen Schraubdeckelglas gut verschlossen im Kühlschrank mindestens 1 Woche.

TIPP: Passt besonders gut zu Schwein und Geflügel.

Zubereitungszeit:: *10 Minuten*
Schwierigkeitsgrad: *Einfach*

SESAMMARINADE MIT KRÄUTERN

FÜR CA. 200 ML

1 El Sesamsaat
150 ml Olivenöl
2 El Honig
2 kleine reife Zitronen
1 kleiner Bund Basilikum
10 Minzblätter
Salz, Pfeffer

1. Die Sesamsaat in einer Pfanne ohne Fett goldbraun anrösten. Dann mit Olivenöl, Honig und Zitronen in ein hohes Gefäß geben.

2. Basilikum waschen, trocken schütteln und die Blätter abzupfen. Zusammen mit den Minzblättern dazugeben und alles mit dem Stabmixer fein pürieren. Die Marinade mit Salz und Pfeffer würzen.

TIPP: Die Marinade eignet sich besonders gut für dünne, gegrillte Zucchini- oder Auberginenscheiben.

Zubereitungszeit: *10 Minuten*
Schwierigkeitsgrad: *Einfach*

MARINADE FÜR GEFLÜGEL

FÜR 3–4 PORTIONEN

1 Knoblauchzehe
200 g Joghurt
2 El Olivenöl
2 El Currypulver
1 El Paprikapulver
1 Tl Meersalz
1 Tl Cayennepfeffer

1. Knoblauch abziehen und fein hacken. Alle Zutaten zu einer Marinade vermischen. Die Menge reicht zum Beispiel zum Marinieren von 3–4 Hähnchenbrustfilets. Die Filets ca. 2 Stunden lang marinieren.

Zubereitungszeit: *5 Minuten*
Schwierigkeitsgrad: *Einfach*

BBQ-SAUCE

FÜR CA. 300 ML

150 ml passierte Tomaten
150 ml Apfelsaft
3 El Apfelessig
4 El Worcestersauce
4 El brauner Zucker
1 El Meersalz
1 El Pfeffer
1 Tl Chilipulver
½ Tl Knoblauchpulver

1. Alle Zutaten in einem Topf verrühren. Bei mittlerer Hitze aufkochen, dann unter gelegentlichem Umrühren 10 Minuten köcheln lassen.

Zubereitungszeit: *15 Minuten*
Schwierigkeitsgrad: *Einfach*

PAPRIKAKETCHUP

FÜR CA. 2 BÜGELFLASCHEN À 500 ML

4 Gläser geröstete rote Paprika
(à 340 g)
500 g Schalotten
3 Knoblauchzehen
250 g Boskop-Äpfel
(geschält und ohne Kerngehäuse
gewogen)
4 El brauner Zucker
1 Tl Zimtpulver
1 Tl Chilipaste
2 Tl Tomatenmark
2 Sternanis
750 ml Rotweinessig
150 g Rohrzucker
1 El Salz

1. Die Paprikaschoten in einem Sieb abtropfen lassen. Schalotten und Knoblauch schälen und mit den Paprika und den Äpfeln fein hacken, dann in einen Topf geben.

2. Zucker, Zimt, Chilipaste, Tomatenmark und Sternanis zugeben und so viel Wasser angießen, dass das Gemüse bedeckt ist. Aufkochen und 30 Minuten köcheln lassen. Die Mischung durch ein feines Sieb in einen Topf streichen, Essig, Zucker und Salz einrühren und unter Rühren aufkochen. Bei geringer Hitze etwa 1 Stunde einkochen, bis die Sauce dicklich wird.

3. Den Ketchup in die sterilisierten Flaschen füllen und fest verschließen. Jede Flasche in eine Stoffserviette einwickeln und auf einen Rost in einen großen Topf setzen. So viel heißes Wasser in den Topf gießen, dass die Flaschen mindestens 2,5 cm im Wasser stehen. Aufkochen und bei aufgelegtem Topfdeckel ca. 25 Minuten kochen lassen. Eventuell Wasser nachgießen.

4. Die Flaschen aus dem Topf nehmen und vollständig auskühlen lassen. Vor dem Einlagern die Flaschen auf Dichtigkeit prüfen. Der Ketchup ist etwa 1 Jahr haltbar.

Zubereitungszeit: *50 Minuten (+ Gar- und Ruhezeit)*
Zubereitungszeit: *Mittel*

MAYONNAISE

FÜR 4 PORTIONEN

1 sehr frisches Eigelb
1 El Zitronensaft
1 El Senf
1 Prise Salz
1 Prise Pfeffer
1 Prise Zucker
125 ml neutrales Öl

1. Alle Zutaten bis auf das Öl in einer Schüssel verrühren. Das Öl zunächst tropfenweise, dann in feinem Strahl zugeben und dabei ständig rühren, bis die Mayonnaise eine gleichmäßige, fein-cremige Konsistenz hat.

TIPP: Diese Basis-Mayonnaise können Sie nach Gericht und Belieben mit Gewürzen, gehackten Kräutern, gemahlenen Kräutern, Ketchup, gehacktem Ei, Zitronenabrieb und -saft und vielem mehr variieren.

Zubereitungszeit: *10 Minuten*
Schwierigkeitsgrad: *Einfach*

BÄRLAUCHCREME

FÜR 4 PORTIONEN

200 g Frischkäse
75 g Crème fraîche
Salz, Pfeffer
frisch geriebene Muskatnuss
2 Knoblauchzehen
1 Bund Bärlauch
flüssige Sahne nach Belieben
mittelscharfer Senf nach Belieben
1 Spritzer Zitronensaft

1. Den Frischkäse und die Crème fraîche in einer Schüssel verrühren. Mit Salz, Pfeffer und Muskatnuss abschmecken.
2. Die Knoblauchzehen abziehen und mit einer Presse dazugeben. Den Bärlauch waschen und trocken schütteln, die Blätter abzupfen und fein hacken. Den Bärlauch unter die Creme rühren. Eventuell etwas flüssige Sahne zugeben. Mit Senf und Zitronensaft abschmecken.

TIPP: Die Bärlauchcreme schmeckt sehr gut zu gegrillten Kartoffeln.

Zubereitungszeit: *15 Minuten*
Schwierigkeitsgrad: *Einfach*

LIMETTEN-CHILI-MAYONNAISE

FÜR FÜR 350 ML

2 Knoblauchzehen
250 ml Öl
1 sehr frisches Ei
2 Tl Senf
abgeriebene Schale und Saft von
½ unbehandelten Limette
½ El Chiliflocken
Salz, Pfeffer

1. Knoblauchzehen schälen und sehr fein hacken. Öl und Knoblauch in einen hohen Mixbecher geben. Die restlichen Zutaten hinzugeben. Alles kräftig mit dem Mixstab verquirlen, bis eine Mayonnaise von cremiger Konsistenz entsteht.

Zubereitungszeit: *35 Minuten*
Schwierigkeitsgrad: *Einfach*

ZITRONEN-BEARNAISE

FÜR CA. 400 ML

4 sehr frische Eigelb
3 El Zitronensaft
1 Tl abgeriebene Schale von
1 unbehandelten Zitrone
1 El Estragonsenf
1 Tl Zucker
300 g Butter
1 El fein gehackter Kerbel
Salz, Pfeffer

1. Die Eigelbe mit Zitronensaft, Zitronenschale, Senf und Zucker in eine Metallschüssel geben.

2. Butter in einem Topf schmelzen und einmal kurz aufwallen lassen. Die warme Butter sehr langsam in die Eigelbmasse träufeln und dabei ständig mit dem Pürierstab untermixen. Es soll eine glatte, kompakte Masse entstehen. Kerbel unterrühren. Die Zitronen-Béarnaise mit Salz und Pfeffer abschmecken.

Zubereitungszeit: *15 Minuten*
Schwierigkeitsgrad: *Einfach*

SOUR CREAM

FÜR 4 PORTIONEN

½ Bund krause Petersilie
125 g Magerquark
125 g Naturjoghurt
1 El Schnittlauchröllchen
½ fein gehackte Zwiebel
1 Spritzer Zitronensaft
Salz, Pfeffer

1. Die Petersilie waschen, trocken schütteln und die Blätter sehr fein hacken. Mit den anderen Zutaten gut verrühren, abschmecken und kühl stellen.

Zubereitungszeit: *10 Minuten*
Schwierigkeitsgrad: *Einfach*

CHIMICHURRI

FÜR CA. 250 ML

2 Bund glatte Petersilie
1 unbehandelte Limette
2 kleine Schalotten
2 Knoblauchzehen
1 kleine rote Chilischote
1 kleine grüne Chilischote
½ Tl Fleur de Sel
8 schwarze Pfefferkörner
3 El Olivenöl
½ Tl getrockneter Thymian
½ Tl getrockneter Oregano

1. Petersilie waschen und trocken tupfen. Blätter von den Stielen zupfen und fein hacken. Die Limette heiß waschen und trocken reiben. Die Hälfte der Limettenschale fein abreiben und den Saft der Limette auspressen. Schalotten und Knoblauchzehen schälen. Die Schalotte sehr fein würfeln. Den Knoblauch sehr fein hacken. Die Chilischoten waschen. Den Stiel der Chilis entfernen und die Schoten fein hacken. Die Pfefferkörner im Mörser fein mahlen.

2. Fleur de Sel, Petersilie, Knoblauch, Chilis, Limettensaft sowie -schale zugeben und alles zu einer dickflüssigen Masse zerkleinern.

3. Olivenöl, Schalottenwürfel, Thymian und Oregano zugeben und alles miteinander verrühren.

Zubereitungszeit: *25 Minuten*
Schwierigkeitsgrad: *Einfach*

SALSA VERDE

FÜR 1 GLAS CA. 150 TL

2 El Kapern aus dem Glas
2 Sardellenfilets in Öl
1 Knoblauchzehe
1 Bund glatte Petersilie
3 Stängel Basilikum
3 Stängel Minze
1 El Zitronensaft
1 Tl abgeriebene Schale von
1 unbehandelten Zitrone
1 Msp. Chilipulver
Kräutersalz
4 El Olivenöl

1. Die Kapern und die Sardellen etwas abtropfen lassen und fein hacken. Den Knoblauch schälen und ebenfalls fein hacken. Die Kräuter waschen, trocken schütteln, die Blättchen abzupfen und fein hacken, dann mit Kapern, Sardellen, Knoblauch, Zitronensaft und -schale sowie den Gewürzen sehr grob pürieren. Das Öl gleichmäßig unterrühren. In einem sauberen, trockenen Schraubdeckelglas gut verschlossen im Kühlschrank aufbewahrt, hält die Salsa ca. 1 Woche.

TIPP: Passt besonders gut zu hellem Fleisch und Geflügel, aber auch zu Fisch, Gemüse und aufs Brot oder zum Verfeinern von Suppen und Saucen.

Zubereitungszeit: *10 Minuten*
Schwierigkeitsgrad: *Einfach*

KLASSISCHE GRILLSAUCE

FÜR 4 PORTIONEN

3 Knoblauchzehen
100 g passierte Tomaten
8 El Honig
4 El Limettensaft
4 El helle oder dunkle Sojasauce
4 El Worcestersauce
4 El Olivenöl
2 El Rohrzucker
3 Tl Salz
2 Tl getrocknetes Basilikum
2 Tl getrockneter Thymian
2 Tl getrockneter Rosmarin
2 Tl Paprikapulver
2 Tl Chilipulver
2 Tl Pfeffer

1. Den Knoblauch abziehen und auspressen. Alle Zutaten miteinander vermischen und mit dem Pürierstab glatt mixen.
2. Die Sauce kann sofort serviert werden. Noch besser schmeckt sie aber, wenn sie einen Tag im Kühlschrank ziehen kann.

Zubereitungszeit: *5 Minuten*
Schwierigkeitsgrad: *Einfach*

CURRY-KOKOS-SAUCE

FÜR FÜR CA. 600 ML

5 Stängel Koriander
50 g Erdnüsse
2 El Pflanzenöl
1 El Currypaste nach Belieben
1 Msp. frisch geriebener Ingwer
1 Dose Kokosmilch (400 ml)
400 ml Gemüsebrühe
1 Tl Paprikapulver
1 Msp. abgeriebene Schale von einer unbehandelten Limette
Salz, Pfeffer
1 Prise Currypulver

1. Den Koriander waschen und fein schneiden, die Erdnüsse fein hacken.

2. In einem Topf das Öl bei mittlerer Temperatur erhitzen, Currypaste und Ingwer zugeben. Mit Kokosmilch und Brühe ablöschen und einköcheln.

3. Die übrigen Zutaten, bis auf den Koriander, zur Sauce geben. Mit Salz, Pfeffer und Currypulver für die Schärfe abschmecken. Zum Schluss Koriander unterrühren.

Zubereitungszeit: *15 Minuten*
Schwierigkeitsgrad: *Einfach*

KRÄUTERBUTTER

FÜR 1 GLAS CA. 280 G

1 Kistchen Kresse
1 Bund Basilikum
3 Knoblauchzehen
250 g zimmerwarme Butter
1 Prise Chilipulver
1 Prise gemahlener Koriander
Salz, Pfeffer

1. Die Kräuter waschen, trocken schütteln, die Blättchen von den Stielen zupfen und fein hacken. Den Knoblauch schälen und dazupressen. Mit der weichen Butter mischen und mit den Gewürzen abschmecken. Im Kühlschrank über Nacht durchziehen und fest werden lassen.

TIPP: Die Butter hält sich im Kühlschrank bis zu 1 Woche, sie kann gut portioniert und für eine spätere Verwendung eingefroren werden.

Zubereitungszeit: *15 Minuten (+ Kühlzeit)*
Schwierigkeitsgrad: *Einfach*

REZEPTVERZEICHNIS